QUERIDA HELENA:

CON EL TIEMPO APRENDÍ...

50
PRINCIPIOS PARA SER MÁS FELIZ Y
HACER REALIDAD TUS SUEÑOS

FRAN MARÍN SOCAS

Querida Helena:
Con el tiempo aprendí…

50 principios para ser más feliz
y hacer realidad tus sueños

Me gustaría dedicar este libro a todas esas personas que están pasando por un momento difícil de su vida. Espero que esta lectura pueda servirles para aliviar su sufrimiento y que sea el comienzo de una nueva vida llena de felicidad y prosperidad.

A mi hija, Helena, y a mi mujer, Abi.

Índice

El autor es una persona imperfecta, que nació siendo más imperfecto aún, pensando que había muchas cosas que no estaban a su alcance y que la vida no era fácil, que el sufrimiento formaba parte de ella de forma inevitable, cruzándoselo en su camino cada vez que este se le quisiera aparecer.

Introducción

Se podría decir que mi infancia no fue la idílica: mis padres se divorciaron cuando era muy pequeño y mi madre, que tenía la tutela de mi hermano y la mía, era una persona aquejada de problemas de salud, físicos y psicológicos.

Sabía que el hecho de hacerme la comida, lavarme la ropa, planchar y limpiar la casa desde tan temprana edad, no era lo habitual entre mis compañeros del colegio. Tampoco lo era el no tener hora de llegar a casa, que mis padres no fueran a recoger mis notas al colegio o que nadie me llevara ni me fuera a ver jugar los partidos de fútbol o baloncesto los fines de semana.

Con trece o catorce años, ya mi madre me había cedido la manutención que mi padre nos pasaba para que yo mismo la administrara de tal manera que tuviera cubiertas mis necesidades básicas (comida, ropa, transporte, teléfono...) y viví solo en casa durante los meses que se embarcó en un negocio en un país vecino.

Así crecí: con una figura paterna a la que veíamos un fin de semana de cada dos (hasta que marchó a vivir a otra ciudad) y una madre afectuosa y cercana pero incapaz de llevar a cabo el papel de madre tradicional, debido en parte al tiempo que dedicaba a trabajar, sumado a la depresión que padecía, un trastorno de personalidad y una salud delicada, ya que desde niña tuvo problemas del corazón.

Pese a que yo adoraba y adoro a mi madre, en aquel entonces sucedían en casa con más frecuencia de lo deseable, fuertes discusiones entre nosotros. La mezcla de una tutora con su cuadro clínico y un adolescente que se había criado con la independencia con la que yo lo hice generaba situaciones que hacían que nuestro sistema nervioso sufriera muchos sobresaltos...

En aquel entonces, para mí, todo eso era normal. Era la forma en la que me había criado y no conocía nada diferente, pero la realidad es que no lo era: cada discusión me generaba sufrimiento, cuando yo ni siquiera sabía aún lo que esa palabra significaba.

Con cinco años, una noche, estando acostado en mi cama, mi madre se sentó a mi lado y me dijo que ella y mi padre se iban a divorciar y que mi padre tenía una nueva novia. Lo recuerdo como el día más triste de mi vida.

La realidad es que la infancia y la adolescencia que viví no fueron las ideales. Ahora lo sé: tuve muchas carencias de diferentes tipos.

Tal vez todo esto no suene muy alentador, pero sin embargo, tengo que sentirme agradecido de haber vivido todas esas experiencias, porque lo que en un principio fue una desventaja con la que partía en la vida resultó ser mi oportunidad y una mayor fortaleza que me permitió cumplir mis sueños de convertirme en piloto de aerolínea, empresario e inversor, padre de una preciosa familia y, sobre todo, me hizo dejar de sufrir y sentirme una persona feliz y completa que disfruta plenamente cada día de su vida.

¿Cómo?

Pues al final de este libro te desvelaré el secreto, ya que, si así lo deseas, tú también lo vas a poder utilizar para obtener los mismos resultados y lograr cualquier deseo que te propongas. Pero antes de llegar a eso, te voy a dar a conocer los principios que a mí me habría gustado haber sabido antes. Esos que, en combinación con el secreto, hacen reacción logrando así que se produzca la magia, y se ponga ante ti la vida de tus sueños.

¿Te interesa?

Pues sigue leyendo…

¡Empezamos!

Helena es mi hija. Mientras escribo estas palabras solo tiene dos años. Ella ha sido el motivo y la inspiración para escribir este libro y esto es lo que algún día espero llegar a transmitirle personalmente. Pero, por si acaso, aquí está su libro…

1

Tú no eres tú

Conforme vamos creciendo nos vamos identificando con una forma de ser, una identidad. Y, en ocasiones, esto puede llegar a interponerse en nuestro crecimiento personal, espiritual, académico, profesional y social. La base de todo progreso hacia la prosperidad es saber y ser conscientes de que nacemos siendo imperfectos (si fuéramos perfectos no estaríamos aquí), que tenemos mucho por aprender y que equivocarnos no solo es natural, sino que es el camino hacia nuestro crecimiento.

Recuerdo, durante mi niñez y adolescencia, verme en situaciones en las que se cruzaban en mi vida muchas personas a las que, desde mi punto de vista, consideraba que les caía mal; que «me tenían manía» solía pensar. Ese fue un argumento muy arraigado en mi persona durante muchos años.

Que si este entrenador me habla mal porque le caigo mal. O que si, este profe o amigo no me ha elegido para algo porque no le gusto, me tiene envidia, me tiene manía, etc. Y así iba separando a la gente que me caía bien de la gente que me caía mal; a los buenos, de los malos.

Recuerdo que no fue hasta llegar a mi academia de vuelo cuando me di cuenta de lo equivocado que estaba.

Resulta que para las clases prácticas de piloto les asignaban a varios alumnos un instructor específico. En este caso éramos un grupo de cinco compañeros para aquel instructor en concreto.

Los estudios de piloto me los tomaba muy en serio. A fin de cuentas era la profesión que había elegido y quería convertirme en un gran profesional de la aviación para asumir la responsabilidad de transportar pasajeros con la mejor de las garantías. Y aquel instructor tenía un papel muy importante en mi vida, ya que era la persona que me iba a enseñar a volar un avión, o más bien, una avioneta, en esa fase de la formación.

Pero cuál fue mi frustración cuando, conforme iban pasando las clases, fui notando que me trataba de forma diferente que a mis otros cuatro compañeros. Y no mejor precisamente...

De nuevo, una vez más, me topaba en la vida con otra persona que, desde mi punto de vista, me tenía manía. Mi primera reacción fue la de siempre: excusarme, salir a la defensiva; simplemente decirles a mis compañeros que esta persona la tenía cogida conmigo y que yo no sabía el porqué.

Esa fue mi posición al respecto durante meses, hasta que un día después de un vuelo en el cual yo había sentido que me había tratado con especial dureza, decidí durante la clase posvuelo hacerle frente y preguntarle por qué me trataba de forma diferente y si tenía algún tipo de problema personal conmigo. Su respuesta fue que le parecía que no me esforzaba lo suficiente y que, si lo hiciera, me daría el mismo trato a mí que a los demás.

Salí de la escuela camino a casa muy nervioso, sintiéndome muy mal por toda aquella situación y con una mezcla de confusión y de rabia. Estando acostado en la cama de mi habitación, sin poder parar de pensar sobre lo que me estaba sucediendo, mientras me autocompadecía, tuve una revelación que me golpeó con fuerza y me dejó casi paralizado.

De repente, me vino a la mente que mis otros cuatro compañeros de vuelo y yo habíamos conocido a nuestro instructor a la vez y que los cinco habíamos comenzado de cero esa relación, así que...

¿Por qué, una vez más, volvía a ser yo la persona a la que tenían manía?

No podía ser casualidad, el problema tenía que estar en mí.

Estaba a miles de kilómetros de mi casa y la historia se repetía de nuevo, pero en una ciudad completamente distinta, con personas diferentes que no me conocían de nada y que, por lo tanto, no tenían por qué tener ningún prejuicio hacia mi persona.

Por primera vez, me empecé a plantear que el problema lo tenía yo y no que los demás fueran malas personas o que la tuvieran cogida conmigo porque no les gustara. Ese pensamiento, golpeó mi ser más profundo como nunca nada lo había hecho antes.

Estaba claro que había algo que estaba haciendo mal.

¿Llevaba toda mi vida equivocado con mi actitud y mi forma de comportarme y de pensar? Entonces, ¿la persona que había sido durante los diecinueve años que tenía estaba equivocada? ¿Había perdido todo ese tiempo?

¿Esa resistencia que oponía ante todas esas personas había sido energía desperdiciada y las cosas me habrían ido muchísimo mejor si hubiera tenido una actitud diferente?

Ese día se tambalearon mis cimientos: resulta que el YO que creía ser, y que en cierto modo era, era un ser con muchos defectos y que, de seguir así, se iba a seguir llevando muchos golpes, mucho sufrimiento; que, posiblemente, no iba a lograr sus objetivos y que el fracaso se iba a convertir en una constante en su vida.

Entré en la academia de vuelo con la intención de atender y esforzarme en aprender lo más posible, pero venía con una inercia de muchos años atrás de aplicar la ley del mínimo esfuerzo... Era de la opinión de que estudiar para el examen el día anterior era suficiente y que para qué iba a estar atendiendo en clase si después había que estudiar en casa igualmente. Además, como no me hacía falta nota para entrar en la academia de vuelo ni pasar la selectividad (PAU), con sacar un aprobado justito me servía. Este tipo de inercia no se cambia de la noche a la mañana y, como resultado, fui destacando negativamente con respecto a mis otros compañeros sin ni siquiera darme cuenta, lo que propició ese cambio de actitud gradual de mi instructor hacia mí.

Recuerdo que un día alguien me dijo que, a veces, para llegar a ser algo, primero tienes que aparentar serlo. En aquel entonces, ni lo entendía ni lo compartía, pero con el tiempo llegué a hacerlo.

A raíz de ese suceso, aprendí que hasta las ideas y principios más arraigados que poseemos, y que pueden incluso formar parte de nuestra personalidad, pueden ser erróneos, que no representan a la persona que somos y que está bien cambiar cuando nos damos cuenta de ello. No solo está bien, sino que es nuestro deber hacerlo, cuando la vida permite que nos demos cuenta, ya que venimos a ella para aprender y mejorar como seres humanos.

Ese día cambió el resto de mi vida para siempre. Fue la mejor lección y revelación que he tenido. Se convirtió en el punto de inflexión de mi crecimiento personal.

A partir de ese momento, desde ese instante, me di cuenta de lo imperfecto que era y de lo mucho que podía mejorar cosas de mi persona, de mi forma de actuar, pensar y comportarme y que, haciéndolo, mi vida podía ser completamente diferente. Fue el comienzo de una vida muchísimo más feliz en la que empecé a experimentar un crecimiento personal exponencial y, como consecuencia de ello, mi vida se transformó en todos sus aspectos.

Tú no eres Tú. No te encasilles en la persona que crees que eres: todos podemos y debemos mejorar cada día. La persona que eres hoy no tiene que ser ni debe ser la misma persona que serás dentro de unos meses o años. Ten la predisposición de cuestionar todas tus creencias y muéstrate atento y vigilante ante cualquier oportunidad de mejora. Sé capaz de cuestionar tus pensamientos e incluso hasta tu personalidad, sobre todo esos rasgos que te están ocasionando más problemas. Tal vez la vida te esté intentando enseñar algo.

« El hombre que ve el mundo a los cincuenta de la misma manera que lo vio a los veinte ha perdido treinta años de su vida ».

- Muhammad Ali

Estamos en constante evolución, y si una persona es la misma hoy que dentro de uno o tres años, es que no ha evolucionado, no ha aprendido y, por lo tanto, se ha estancado. Cada año que pasa debería ser mejor que el anterior, porque deberías ser una persona más sabia, más evolucionada, con más y mejores recuerdos y que sabe mejor cómo caminar por la vida para sacarle el máximo partido y disfrutarla a su máximo potencial. La vida no tiene por qué ser sufrimiento y yo te lo voy a enseñar. Continúa leyendo y te lo muestro.

¿Seguimos?

Si todo va bien, tu yo de hoy no será el mismo que dentro de un año, sino alguien mucho mejor.

Principio n° 1

Ser consciente de que eres imperfecto, de que estás equivocado en muchas cosas que haces a diario y de que tienes la capacidad de mejorar es el comienzo de tu crecimiento.

2

Granadas de chocolate

A raíz del suceso del capítulo anterior, empecé a cuestionar muchísimas cosas que estaba dando por sentado.

Si me había equivocado en ese aspecto de mi vida, mostrando rebeldía y una actitud equivocada hacia normas preestablecidas, como fue en este caso en el ámbito de la enseñanza, y no mostrando el suficiente interés, también podría estar equivocado en muchos otros aspectos.

Normalmente en la escuela no solía atender en las clases. Me aburría, perdía la concentración y me decía: «Total, estudio para el examen y ya». Recuerdo pensar que atender y ser participativo era ser «pelota»... Y, sin quererlo, continué con esa inercia en la academia de aviación. Lo que yo no sabía es que, a veces, no solo es cuestión de estudiar para el examen y ya está, sino que tienes que demostrarle de forma activa a tu profesor tu interés por lo que estás aprendiendo.

Son varios los motivos por los que es mejor actuar de esa manera, pero uno de ellos es que esa persona está dedicando tiempo de su vida y energía a intentar enseñarte algo que te sea de provecho y se merece esa consideración. Además, si lo haces así, no solo te estarás ganando su respeto, sino también su simpatía y, en muchos casos, hasta su amistad.

El gran cambio de paradigma que experimenté en mi vida a raíz del suceso del capítulo primero permitió que pudiera llegar a experimentar el segundo gran cambio que transformó aun más mi persona.

Hasta entonces, cada vez que una persona criticaba algún aspecto de mi personalidad, carácter, forma de pensar o incluso algo que hiciera o dijera, me ponía a la defensiva, rebatía y discutía mi postura, la defendía a muerte y sentía que no podía estar equivocado. En muchas ocasiones, me llegaba a ofender y frustrar profundamente. La conversación o situación terminaba en una discusión y, en muchos casos, en enfado.

Si era con un profesor, me excusaba o justificaba, y como las excusas normalmente son solo eso, excusas, pues no me valían y terminaba frustrado, ya que con un profesor no podía discutir como lo hacía con mis padres, mi hermano o mis amigos.

Sin embargo, después de la experiencia con mi instructor de vuelo, la siguiente vez que recibí una crítica directa no es que de primeras cambiara mi forma de actuar, que estaba más que integrada en mi sistema, sino que inicialmente reaccioné de la misma manera: con enfado, discusión, me ofendí, me sentí atacado como siempre y me marché sintiéndome muy molesto.

La diferencia estuvo cuando, al quedarme a solas, algo nuevo sucedió: recordé que, después de haber cambiado mi actitud con mi instructor y demostrar más interés de forma activa en sus clases y prácticas, mi relación con él había mejorado muchísimo. Había empezado a disfrutar de mis vuelos de formación, y eso me había aportado una alegría y un alivio inmensos.

Esto me llevó a pensar que si había estado equivocado con respecto a mi actitud en ese aspecto de mi vida y que si modificarlo me había reportado unos beneficios tan buenos, tal vez había algo que no estaba viendo en lo que se refería a mi forma de actuar ante esta otra clase de hechos: las críticas.

Así que, de repente, mi enfoque hacia esa discusión había cambiado por completo. Incluso empecé a sentir curiosidad por analizar lo que había sucedido y el porqué.

¿Podía tener razón esa persona en lo que me había dicho?

Aunque solo fuera un poco... De ser así, si me daba cuenta de ello y lo cambiaba, sería una persona más completa, sería mejor persona y, probablemente, podría evitar que discusiones así sucedieran en un futuro. A fin de cuentas, si esa persona pensaba eso de mí, tal vez hubiera muchas otras que también lo pensaran y que, sin embargo, no se atrevían a decírmelo o, simplemente, no se molestaban, con el perjuicio que eso significaba.

¡Vaya!, pensé. Viendo las cosas desde ese punto de vista, esta persona me ha hecho un favor diciéndome eso que piensa.

Progresivamente, ese enfado y ese malestar que sentí fueron cambiando por una agradable sensación de haber descubierto algo importante: esa nueva manera de pensar iba a aportar muchas cosas positivas a mi vida, me ayudaría a ser mejor persona, más completa, y me ahorraría muchos momentos de sufrimiento. Todo ese enfado que sentí inicialmente se transformó, como por arte de magia, en gratitud por el hecho de pensar que esa crítica me iba a ayudar a descubrir algo de lo que yo no me había dado cuenta: que podía estar molestando a los demás o, simplemente, que no era del todo correcto.

Después de aquel día me propuse que cada vez que alguien se tomara la molestia de criticarme me lo tomaría como una gran oportunidad de analizar ese hecho con objetividad, por si podía recibir una enseñanza constructiva que me ayudara a crecer, que me permitiera mostrar una mejor versión de mí, a las personas que me rodean y al mundo en general. A partir de ese día, las críticas se convirtieron en granadas de chocolate.

Cambia sufrir por aprender

Principio n° 2

Empieza a ver las críticas como una oportunidad muy valiosa de aprender cosas de tu persona que otra gente ve y que tú, tal vez, no eres capaz de apreciar.

3

¿Mala suerte o buena suerte?

Cuenta la fábula que en una casa de campo, en un pueblo de China, vivía un padre con su hijo. Y que un día, al despertar por la mañana, se dieron cuenta de que su único caballo se había escapado del establo. Al enterarse de la noticia, un vecino se acercó a la casa a hablar con el padre y le dijo:

—¡Vaya! ¡Qué mala suerte has tenido! — A lo que el padre le respondió:

—¿Buena suerte? ¿Mala suerte? Quién sabe…

Al día siguiente, cuando despertaron, el padre y su hijo vieron que el caballo que se había escapado había regresado y que, con él, había venido una manada de caballos salvajes.

El vecino, al enterarse de la noticia, le dijo al padre:

—¡Vaya! ¡Qué buena suerte has tenido! —A lo que el padre respondió:

-¿Buena suerte? ¿Mala suerte? Quién sabe…

Al siguiente día, su hijo intentó domar uno de los caballos salvajes pero se cayó y se rompió una pierna.

Al enterarse su vecino, le dijo:

—¡Vaya! ¡Qué mala suerte has tenido! —A lo que el padre le respondió:

—¿Buena suerte? ¿Mala suerte? Quién sabe…

Al día siguiente, se hace público que se ha desatado una guerra, y que su hijo no tendrá que formar parte de esta por tener la pierna rota.

Su vecino, al enterarse de la noticia le dijo:

—¡Vaya! ¡Qué buena suerte has tenido! —A lo que el padre le respondió:

—¿Buena suerte? ¿Mala suerte? Quién sabe…

En la vida es imposible saber si algo que nos sucede, nos puede traer consecuencias positivas o negativas a corto, medio o largo plazo.

Cada vez que suceda algo en tu vida que *a priori* sea negativo, acuérdate de esta historia y piensa que tal vez sea algo que tenía que pasar para que después sucediera algo que va en línea con tus deseos.

Por ejemplo, si un día vas con prisa y parece que todos los semáforos rojos están solo para ti, piensa que tal vez, de no haber sido así, lo mismo habrías coincidido un poco más adelante con ese conductor que, debido a una distracción con el móvil, se habría estrellado contra tu coche cuando pasabas por un cruce.

¿No te ha pasado nunca, que después de que te sucediera algo que *a priori* no deseabas, caíste en la cuenta de que si no habría pasado no hubiera sido posible esa otra cosa que *a posteriori* resultó ser tan buena?

Si cada vez que sucede algo que te hace sentir mal o te enfada, te acuerdas de esta enseñanza y piensas que tal vez tuvo que ocurrir para ahorrarte un problema mayor, o para que algo mejor pueda suceder a consecuencia de esto en un futuro, eliminarás la mayor parte del sufrimiento que llega a tu vida.

Si aplicas esto a todas las cosas que suceden en tu día a día, semana a semana, mes a mes y año a año...

¿Puedes imaginar la cantidad de sufrimiento que te habrás ahorrado a lo largo de toda la vida?

El universo está de tu lado. Aunque no puedas verlo, confía.

Prueba a ponerlo en práctica. De verdad que funciona.

¡Lo que sucede, conviene!

Principio nº 3

Piensa que cada cosa que sucede en tu vida tiene una finalidad positiva, aunque en ese momento no seas capaz de verlo.

4

Lo sucedido sucedido está

En los capítulos anteriores hemos visto una serie de principios que, aplicados, nos van a ayudar a reducir buena parte del sufrimiento que experimentamos de forma habitual. Pero el que vamos a ver en este capítulo tiene sin duda un poder aún mayor en lo que respecta a la erradicación del sufrimiento de nuestra vida. La clave de este principio es la **aceptación.**

*El sufrimiento es el periodo que pasa entre que nos sucede algo que a priori no deseábamos y el tiempo que tardamos en **aceptar** lo que ha sucedido.*

En cuanto aceptamos ese suceso, el sufrimiento desaparece y, en muchos casos, está en nuestras manos decidir el tiempo que nos va a llevar aceptarlo. Ese tiempo podría ser desde cinco segundos hasta una vida entera, o incluso nunca.

Cuando pienses en sufrimiento, la primera palabra que ha de venirte a la cabeza debe ser aceptación, porque esa es la clave para que este desaparezca.

No solo es la clave para que este desaparezca, sino que también es, en muchísimos casos, el punto de partida para la solución de ese problema. Cuanto antes lo aceptas, antes puedes centrar tus energías en buscarle una solución.

Que aceptes una situación determinada no significa que te tengas que quedar de brazos cruzados sin hacer nada. Es aceptar que eso que a priori no querías que sucediera ha sucedido y empezar a buscarle soluciones o crear un marco mental que te permita encajar esta nueva situación con otra perspectiva y así afrontarla de una manera mejor.

Por grave que sea lo que nos ha sucedido, a lo largo de la historia tenemos ejemplos de personas que han convertido tragedias en oportunidades y que han transformado sus mayores adversidades en sus principales motivaciones para lograr cosas increíbles, sirviéndonos de inspiración a todos los demás.

En mi caso, he tenido que aceptar que mi madre, en algunos aspectos, no fue ni es el tipo de madre que a priori yo deseaba que fuera. Ni mejor ni peor, sino diferente. También me pasó lo mismo con mi único hermano, con quien me habría gustado tener una relación más cercana. Y no fue hasta que logré aceptar que eso no iba a pasar que el sufrimiento que me estaban causando esos hechos desapareció de mi vida.

Me costó mucho tiempo, pero aprendí a respetar y aceptar el tipo de madre y de hermano que querían ser y a darme cuenta de que la vida te pone en el camino a otras personas que te ayudan a suplir esas necesidades que a priori pensabas que tenían que cubrir ellos pero que no era así. Además, estas otras personas lo hacen sin ningún esfuerzo, porque es algo que llevan dentro y que, al hacerlo, están cubriendo una necesidad que ellos también tienen y que les hace mucho bien.

Otro ejemplo de aceptación, en un contexto muy diferente, sería el siguiente.

La mayor parte de este libro se ha escrito durante la fase de confinamiento causada por la COVID-19. Su escritura era algo que tenía en mente desde hacía bastante tiempo, pero no había encontrado el momento adecuado para hacerlo. Y cuando esto sucedió y mi empresa me incluyó en un ERTE, en lugar de entrar en pánico o deprimirme ante la situación, aproveché para consolidar el hábito de despertarme a las cinco de la mañana (cosa que con mis horarios de piloto me resultaba difícil), lo que me permitió ponerme a escribir temprano, de madrugada, cuando el resto de la casa aún dormía. Disponer de más tiempo sin tener que ir a volar también me permitió poder pasar más momentos de calidad en familia, dedicarles más tiempo a mis otros negocios e inversiones, hacer más ejercicio de forma constante y comer más sano. Mientras escribo estas palabras, la incertidumbre es total: aún no sé que va a pasar con mi situación laboral como piloto, pero no me centro en eso, sino en las oportunidades que esta situación me está brindando.

* * * * * * *

En lo que a la aceptación se refiere, hay hechos y hechos:

Es importante saber que en el caso de tragedias tan dolorosas, como pueden ser la pérdida de un familiar cercano, sobre todo si es de forma inesperada, algunas rupturas sentimentales u otros hechos traumáticos, es normal pasar por un proceso de duelo que comprende varias fases antes de llegar a la de la aceptación. Y estas son las de **negación, ira, negociación, depresión** y, finalmente, la de **aceptación.** Pasar por todas estas fases podría llevar meses, pero si en algún momento notas que te quedas estancado en alguna de ellas y no logras pasar de una a otra de forma natural, no dudes en buscar la ayuda de un profesional, ya que todos en algún momento dado de nuestra vida necesitamos la ayuda de alguien más para seguir avanzando.

* * * * * *

Hay algo que me gusta recordarme cuando estoy atravesando una mala racha y tal vez a ti también te guste hacerlo:

Es en los momentos difíciles cuando el ser humano tiene la oportunidad de demostrar su verdadera grandeza.

Es fácil mostrar tu mejor cara cuando las cosas van bien. Todos podemos hacerlo, pero son pocos los que lo hacen cuando las cosas no van como esperamos o se ponen realmente difíciles.

La aceptación es algo que podemos trabajar y aplicar cada día de nuestra vida. No solo es de gran ayuda cuando nos sucede un problema grave o un hecho traumático, sino que lo debemos poner en práctica en situaciones tan cotidianas como que nos olvidemos un documento del trabajo cuando estamos a medio camino de llegar a este y tengamos que dar la vuelta, cuando alguien nos da una respuesta o noticia que no nos agrada o cuando se nos hayan caído al suelo doscientos folios y tengamos que recogerlos uno a uno en un momento en el que tenemos prisa.

Hazte amigo de esta palabra que tanto poder tiene y descubre el cambio.

El sufrimiento desaparece en el preciso instante en que aceptas esa situación.

Principio nº 4

La aceptación es la clave para dejar de sufrir
y comenzar a reconstruir.

5

Fuego amigo

Este principio es realmente sencillo de explicar, e increíblemente potente si se sabe utilizar y se llega a dominar. Se basa en que es imposible que te sientas mal sin haber tenido antes un pensamiento negativo que haya originado esa sensación.

Por lo tanto, si no tenemos pensamientos que nos desagraden, no sentiremos malestar ni sufrimiento. También funciona a la inversa: si en algún momento nos sentimos bien y contentos, es porque ha pasado por nuestra cabeza un pensamiento o idea que nos ha alegrado y nos ha hecho sentir bien. Y...

¿Sabes una cosa?

No es posible tener más de un pensamiento a la vez en nuestra cabeza. Por lo que o tenemos un pensamiento negativo y nos sentimos mal a consecuencia de ello o tenemos uno positivo o agradable que nos hace sentir bien.

Descubrir esta gran verdad fue para mí algo muy revelador y de gran alivio, ya que significa que en gran medida está en nuestras manos poder controlar cómo nos sentimos. Y de veras que funciona. Pero…

¿Es posible dejar por completo de tener pensamientos negativos?

Antes de contestar a esta pregunta, debemos tener en cuenta que tenemos de media unos sesenta mil pensamientos al día y que, en la mayoría de las personas, estos suelen ser predominantemente negativos, repetitivos y, en muchos casos, sobre acontecimientos pasados.

Por lo que, seguramente, el cien por cien del tiempo no es posible dejar de tenerlos. O sí, a lo mejor existe algún maestro tibetano que tiene tal control de su mente que es capaz de lograrlo. Pero siendo realistas, sería difícil.

Pero lo que sí puedes conseguir es reducir la cantidad de pensamientos negativos que pasan por tu cabeza al día y el tiempo que pasa cada uno de estos en ella, al igual que la intensidad y la fuerza que les das.

El mero hecho de ser conscientes de esto ya nos permite que cada vez que nos venga un pensamiento negativo o desagradable, nos demos cuenta de ello, seamos capaces de identificarlo y así hagamos algo al respecto. Que no seamos una marioneta a su merced y podamos elegir sustituirlo por uno positivo o, simplemente, eliminarlo.

¿De qué nos sirve darle fuerza y dejar que acampe a sus anchas en nuestra mente?

A fin de cuentas, si tiene relación con el pasado, ya no podemos hacer nada, y si está relacionado con algo que podría suceder en el futuro, la mayoría de esos pensamientos no se van a hacer realidad; y si por algún motivo se cumpliera ese pensamiento, normalmente no resultaría tan malo como pensábamos o incluso sería una experiencia que nos tenía que suceder para aprender algo.

Según la ley de la atracción de la que ya hablaremos en otro capítulo, aquello en lo que ponemos más atención y visualizamos es lo que atraemos a nuestra vida.

Por lo tanto, está en nuestras manos elegir pensar en cosas buenas y positivas y sentirnos bien, además de atraerlas a nuestra vida o hacer lo contrario, con sus respectivas consecuencias negativas.

La meditación es una práctica que te ayuda a identificar y controlar los pensamientos que te vienen a la mente, además de aportar muchos otros beneficios.

Imagina que a Javier le vienen de media a la cabeza a lo largo de todo el día cuarenta pensamientos negativos y que a María, gracias a conocer este principio y haberlo puesto en práctica, solo cinco.

Esto quiere decir que, a lo largo del día, Javier tiene treinta y cinco pensamientos negativos con su respectivo malestar más que María y, además, la media de duración de esos pensamientos en su cabeza es de noventa segundos, por los diez segundos que le duran a María. Si hacemos el cálculo, Javier se pasa tres mil seiscientos segundos al día con pensamientos negativos en su mente por los cincuenta segundos de María. Una diferencia de tres mil quinientos cincuenta segundos o, lo que es lo mismo, cincuenta y nueve minutos, casi una hora al día.

Además, no es solo esa hora que has pasado con pensamientos negativos, sino la sensación de malestar que van dejando dentro de ti, que puede llegar a instalarse en tu cuerpo y tu mente durante mucho más tiempo.

Si multiplicas esto por los siete días de la semana, todos los días de un mes o los trescientos sesenta y cinco días del año, llega a suponer una gran diferencia en la vida de una y otra persona.

Un método que aprendí en un libro para hacer desaparecer esos pensamientos que no quieres tener por ser desagradables o contrarios a tus objetivos es repetir para ti la palabra **ANULAR** tres veces cada vez que uno de estos ronde tu mente. Con el tiempo verás que irán desapareciendo.

No podemos cambiar ciertas cosas que suceden en la vida, pero sí podemos elegir en muchos casos cuáles permitimos que entren en nuestra vida, en muchos casos a través de nuestra mente en forma de pensamientos. Y también podemos elegir cómo vemos esas cosas y en cuáles decidimos enfocarnos más.

Por ejemplo, puedes dedicar parte de tus pensamientos a los peores actos que el ser humano es capaz de tener con sus semejantes o con su propio planeta, las zonas de tu ciudad que están menos limpias o que menos te gustan, las cosas que podrían ir mal o, en general, toda la fealdad que puedas encontrar en el mundo. O, en lugar de eso, podrías elegir centrar tus pensamientos en toda la belleza que existe, en esos actos de generosidad, amabilidad y amor que tienen muchos seres humanos con otros de forma desinteresada, se conozcan o no, en todo lo que amas de la vida y en cuantas cosas maravillosas tiene para ofrecerte.

Un gran poder conlleva una gran responsabilidad

Principio nº 5

Aprende a controlar tus pensamientos. Si permites que sean negativos, te sentirás mal; si son positivos, te sentirás bien.

6

La pócima mágica

El ser humano es capaz de cosas increíbles. Lo hemos visto a nivel deportivo, científico, creativo, artístico, filantrópico…

¿Qué diferencia a las personas que son capaces de lograr grandes cosas de las que no?

Seguramente sean más de una las diferencias, pero si hay algo que tienen en común todas esas personas que realizan cosas destacables es que tienen una **actitud positiva** hacia aquello que se proponen.

«Elige lo positivo. Tienes elección, eres dueño de tu actitud. Elige lo positivo, lo constructivo. El optimismo es una fe que lleva al éxito».

-Bruce Lee

No puedo hacer suficiente énfasis en la importancia y el poder que encierra la palabra **positividad**.

Es tal el poder que encierra este principio que se han escrito libros enteros basados solo en su gran poder, como el escrito por Napoleon Hill y W. Clement Stone *La actitud mental positiva*, donde se relatan hechos realmente inspiradores de personas que han logrado cosas increíbles cuando tenían todo en su contra gracias a tener la actitud mental correcta.

La positividad es el superpoder de todo ser humano. Una persona con actitud positiva es una persona más feliz, es una persona que tiene muchísimas más posibilidades de lograr sus objetivos, es una persona a la que el resto de la gente quiere tener cerca porque siempre ve una solución o una oportunidad ante un problema, es más fuerte ante cualquier suceso, la vida le sonríe más. Son líderes en su sector, las empresas las quieren contratar y no solo porque suelen ser más capaces sino porque contagian a los demás de esa actitud de que no existen obstáculos que no se puedan superar y de que no hay retos ni problemas lo suficientemente grandes que justifiquen el desánimo.

Ven posible lo que otras personas creen imposible.

Su buena energía los diferencia de forma natural de los demás, traen luz con su presencia y una sensación de paz y bienestar a las personas que están a su alrededor.

Las personas con una actitud positiva logran lo que las que no lo son, no. Y, además, lo hacen con una sonrisa.

Haz posible lo imposible.

Principio n° 6

Sé una persona con actitud positiva y no habrá nada
que no puedas lograr.

7

Amores que matan

Si aplicamos las enseñanzas vistas en los anteriores capítulos, nuestra calidad de vida mejorará de forma significativa, sin lugar a dudas, pero hay otra realidad de suma importancia que sufren la mayoría de las personas.

Uno puede hacer su trabajo interno de forma personal estupendamente y lograr sentirse bien consigo mismo, controlar los pensamientos, aceptar determinadas situaciones y tener una actitud positiva ante la vida, pero si estamos rodeados de personas que son negativas, que son propensas a la discusión, que actúan de forma desagradable y cruel con otras personas (da igual qué persona), que ven la vida de forma pesimista o victimista, que son acaparadoras o posesivas, violentas, celosas, arrogantes o inseguras hasta el punto de pagar estas inseguridades contigo, será difícil que tú puedas encontrar el equilibrio y la estabilidad emocional que necesitas.

Esas personas absorben nuestra energía y nos hacen sentir mal en muchas ocasiones de nuestro día a día y de nuestra vida.

El problema está cuando damos por hecho que esto tiene que ser así, por ser una de estas alguien cercano o de nuestro entorno.

Pero no, no tiene por qué ser así, sino más bien todo lo contrario; no debemos permitir que sea así.

En cuanto identifiques a una de esas personas que te haga sentir mal, que notes que después de haber pasado un rato con ella te sientes peor de lo que estabas, que notas que te ha quitado energía, con la que sueles discutir con frecuencia, que te mete en problemas, que notas que te anula como persona cuando estás en su presencia, que te hace sentir inferior, que acapara todo el protagonismo y que hace que tú pases a un segundo plano, que te genera nerviosismo, que hace bromas hirientes sobre tu persona estando en presencia de otras (aunque lo camufle como una simple broma), que no te muestra respeto, que no te deja hablar, que te infravalora, etc., debes mantener la distancia.

No quiere decir que sean malas personas, pero están en otro punto de madurez y evolución (espiritual) diferente del nuestro y, por lo tanto, si en la relación no nos estamos aportando cosas positivas de forma recíproca en este momento de nuestra vida, lo más conveniente es que cada uno siga su camino hasta que la vida nos vuelva a juntar o no...

En ocasiones estas personas pueden llegar a ser seres muy allegados, como familiares, compañeros de trabajo o escuela, amigos de toda la vida e incluso nuestros padres y hermanos o hasta nuestra pareja. No digo que en todos los casos podamos o debamos alejarnos físicamente de ellas (aunque en algunos casos sea recomendable, sean quienes sean ya que lo importante es nuestra salud y nuestro bienestar por encima de todo), pero lo que sí podemos hacer es mantener una cierta distancia, física o emocional.

Elegir cómo reaccionar ante determinadas conversaciones, no entrar al trapo como solíamos hacer cuando tenemos opiniones contrarias, dejarlo estar e incluso dirigir o evitar ciertos temas de antemano son estrategias que nos ayudarán. Conviene ser en cierto modo más impermeables ante determinados comportamientos de esas personas que ya sabemos por experiencia que van a suceder y estar preparados para no reaccionar ante ellos.

Reduce la frecuencia y el tiempo que pasas con esas personas.

Al igual que debes alejarte de esa gente, te recomiendo que hagas lo opuesto con esas otras personas que causan el efecto contrario en ti.

Pasa más tiempo con la gente que te hace reír y sentirte bien, que te demuestra un cariño sincero, que sientes que te valora, con personas buenas, que se preocupan por ti y por los demás, que tienen buenos valores, buena energía, personas que te pueden aportar cosas y que te ayudan a crecer.

Y si, por algún motivo, esa clase de gente no abunda a tu alrededor aún, siempre habrá un libro escrito por alguien así a tu alcance. Leerlo será como compartir un ratito con esa persona. Y, como sabes, por suerte, hay y ha habido mucha gente increíble y maravillosa en este mundo.

A veces nos esforzamos demasiado con las personas equivocadas…

Que salga lo malo y que entre lo bueno.

51

Principio nº 7

Aleja de tu vida a las personas que no te aportan cosas buenas
y pasa más tiempo con las que sí lo hacen.

8

La píldora de la felicidad

L legar a sentirte genial, el cien por cien del tiempo de tu vida es muy difícil o yo diría que imposible. A, fin de cuentas, no somos máquinas, tenemos una energía limitada que se va agotando a lo largo del día, somos seres emocionales y existen muchos factores que nos afectan, como pueden ser la temperatura, el ruido, el hambre, la sed, el cansancio, etc.

Pero nuestro deber con nosotros mismos es el de ser lo más felices posible la mayor cantidad de tiempo posible. Y…

¿Qué pensarías si te dijera que existe una píldora que te puedes tomar, que es gratis y que no tiene efectos secundarios, que cada vez que la tomas te da un chute de felicidad?

Pues lo más seguro sería que me dijeras que eso no existe, ¡y tienes razón! Pero… ¿A que estaría genial? Sería fantástico, pero hasta que ese momento llegue, tendremos que recurrir a un sustitutivo que, aunque no sea tan fácil como el simple hecho de tomarnos una pastilla, lo podemos llevar a cabo sin mucha dificultad y aporta otros efectos secundarios positivos más allá de proporcionarnos un buen chute de felicidad. Y esto se llama **ejercicio**.

Es muy simple. Cuando hacemos ejercicio, nuestro cuerpo libera dopamina y serotonina, neurotransmisores directamente relacionados con el deseo, el placer y la felicidad. Además, nos ayuda a reducir los niveles de cortisol, hormona relacionada con el estrés, el miedo y otras cosas tan desfavorables como aumento de peso, problemas en la piel, insomnio, debilitación del sistema inmunitario e incluso depresión y ansiedad.

Al hacer ejercicio nuestro cerebro también libera una sustancia llamada BDNF, que contribuye a la estimulación del hipocampo (zona del cerebro relacionada con la memoria y el aprendizaje), al crecimiento, fortalecimiento y creación de nuevas conexiones neuronales, lo que favorece el aprendizaje. Además, el BDNF libera endorfinas asociadas a los sentimientos de euforia, felicidad, bienestar y buen humor.

Parece una clase de química, ¿verdad? En buena medida, nuestro bienestar depende de esta. Así que utilicemos la química a nuestro favor.

Al hacer ejercicio quemamos calorías, mejoramos nuestra forma física, tonificamos la musculatura, nos ayuda a tener más claridad mental y, en líneas generales, vamos a sentirnos y vernos mas saludables física y mentalmente.

Simplemente con realizar un corto entrenamiento de alta intensidad en el que sudemos, de unos veinte minutos de duración, será suficiente para obtener todos estos beneficios.

Ahora que sabemos esto, tiene sentido afirmar, que debemos

hacer ejercicio **diariamente,** durante **toda** nuestra vida. A ser posible al comienzo del día (así comenzaremos la jornada con este chute de buen rollo y bienestar que nos proporciona este nuevo hábito), hecho que no excluye que se vuelva a realizar otra actividad física también en la tarde. Más bien al contrario, sería muy recomendable, aunque solo sea salir a dar un paseo.

Integrar el hábito de hacer ejercicio de forma constante en tu vida, nos aporta tantos beneficios que no podemos permitirnos no hacerlo. Además, al cambiar y mejorar tu humor, también mejorará tu relación con las demás personas con las que te relacionas.

En este sentido tienes que ser tajante y mentalizarte de que esto no es negociable. No realizarlo no es una opción.

El innegociable.

Principio nº 8

Haz ejercicio de forma habitual. Se ha de convertir en un hábito tan integrado como el de respirar.

9

La búsqueda del tesoro

Encontrar un tesoro con un viejo mapa ya sería difícil de por sí (o al menos eso parece en las películas), pero si encima tenemos que hacerlo con los ojos vendados, apaga y vámonos.

Para sentirnos realmente bien con nosotros mismos, es importante que contemos con un buen estado de salud física, y por qué no, con el hecho de gustarnos y vernos bien. Igual que nos gusta vivir en una casa bonita y vestir con ropa que sea de nuestro gusto, es normal que también queramos que nos guste nuestro físico. A fin de cuentas, es donde pasamos el cien por cien de nuestro tiempo.

¿Por qué tendríamos que renunciar a ello y a tener buena salud?

No existe ningún motivo. Sin embargo, en 2016 el 39 % de los hombres adultos de 18 años o más y el 40 % de las mujeres de la población mundial tenían sobrepeso.

Y esto, junto con la obesidad (13 % de la población mundial en 2016), es la causa de millones de muertes todos los años. Hay que tener en cuenta que el sobrepeso está considerado como una enfermedad y no solo por los problemas físicos de salud que ocasiona, sino también por los problemas psicológicos que conlleva.

Dicho esto, creo que estaremos de acuerdo en que es importante no estar dentro de ese porcentaje de la población (ojalá nadie lo estuviera), ya que los beneficios que eso nos aportaría serían numerosos.

Pero al igual que no querríamos emprender la búsqueda del tesoro con los ojos vendados, tampoco deberíamos lanzarnos a alcanzar nuestro peso ideal a ciegas, simplemente matándonos en el gimnasio y muriéndonos de hambre con la esperanza de que en algún momento la báscula nos sonría con esos ansiados números.

Sabemos que para bajar de peso tenemos que ingerir menos calorías de las que quemamos a lo largo del día. Y que, por el contrario, si ingerimos más calorías de las que quemamos, subiremos.

Vale, pero si es algo tan sencillo como este principio básico…

¿Por qué hay tanta gente con problemas de peso en el mundo?

Puede haber muchos motivos, dependiendo del caso en particular, pero el principal (esta es mi opinión) es que la mayoría de la gente no tiene ni idea del número de calorías que consume durante el día ni del número de calorías quemadas. Así que vamos a ciegas…

Ojalá existiera una aplicación o un dispositivo que te dijera automáticamente y sin tener que hacer nada cuántas calorías llevas consumidas frente a las que has quemado a lo largo del día.

Pero la realidad es que eso no existe aún…

Lo que sí tenemos a nuestro alcance son aplicaciones que hacen algo muy parecido, aunque de una forma un poco más laboriosa.

Por el momento nos tendremos que conformar con esto…

Son aplicaciones que, en función de tu peso, altura y actividad física, te dicen cuántas calorías gastas diariamente y cuántas deberías consumir para bajar x peso semanal hasta alcanzar el deseado.

También existen relojes inteligentes y dispositivos que te dicen el número de calorías que llevas quemadas en el día. Por lo tanto, podemos saber sin mucha dificultad cuántas calorías debemos consumir para ir logrando nuestros objetivos.

Ahora solo nos falta la otra parte, para la cual todavía la tecnología no nos puede ayudar tanto como nos gustaría y que es la más laboriosa y pesada de hacer al principio, pero que se vuelve cada vez más fácil conforme le vas cogiendo el tranquillo.

Esa parte es la de ir llevando la cuenta de las calorías que vamos ingiriendo a lo largo del día conforme nos alimentamos.

¿Y cómo se hace esto?

Pues, por ejemplo, con aplicaciones que te permiten ir añadiendo la información de lo que vas comiendo y te van sumando las calorías, además de darte otro tipo de información interesante como los porcentajes de hidratos, proteínas y grasas que has ido consumiendo.

La aplicación que utilizo yo y que es una de las más conocidas es *MyFitnessPal*. Es gratuita y cuenta con una gran base de datos de alimentos con su información nutricional. Y si en algún momento el alimento que has consumido no se encuentra, lo puedes crear tú o simplemente añadir el número de calorías que tenía.

Para poder llevar a cabo esto, solo necesitas comprar (si no la tienes ya) una báscula de cocina. Sé que al principio es muy engorroso tener que pesar los alimentos antes de comerlos, pero te aseguro que con el paso del tiempo esta práctica se vuelve mucho más fácil, hasta llegar al punto en el que ya ni tendrás que pesarlos porque conocerás las cantidades de memoria.

Hasta que ese momento llegue, te recomiendo que cambies tu estrategia alimentaria a comer solo lo que puedas medir fácilmente. Con esto me refiero a que si estás empezando con este sistema, evites ir a comer fuera, a un restaurante donde te van a poner un plato cuyas calorías te será mucho más difícil calcular, o incluso que utilices la estrategia de programarte unos desayunos o almuerzos tipo, que tengas controlados, y ceñirte a estos lo más que puedas durante un tiempo. La creatividad puede esperar.

Imagina por un instante que pagas las cosas que compras sin saber su precio, y que tampoco puedes ver la cantidad de dinero que te queda en la cuenta del banco y, para colmo, desconoces cuáles son tus ingresos mensuales (o diarios). Lo más seguro es que estuviéramos todos arruinados y muy endeudados ¿no es cierto?

Pues esa es la manera en la que la mayoría de la gente se está alimentando.

Tenemos que saber que el ser humano, por instinto, tiende a comer más de lo que necesita. Y esto no tiene que deberse a que seas una persona glotona o ansiosa, sino a que está en nuestra genética, ya que en el pasado el hombre tenía que sobrealimentarse cuando tenía la ocasión para poder así sobrevivir en momentos en los que la comida escaseaba. Por lo que para combatir ese impulso natural debemos ayudarnos de toda herramienta y estrategia que nos sea dada y utilizarlas de forma activa.

Si decides quitarte la venda de los ojos y pasar a alimentarte de forma consciente, te vas a dar cuenta de que no tienes que pasar hambre para bajar de peso, de que hay muchos alimentos muy saciantes y ricos que no aportan muchas calorías y también de que no hay alimento ni comida que no te puedas permitir, por extraño que te parezca (todo en su justa medida).

Puedes comer chocolate, hamburguesas y muchas otras delicias *a priori* prohibitivas y aun así estar dentro de tu límite de calorías diario. Lo único que tendrás que hacer es controlar las cantidades; si ese día has tomado un almuerzo más calórico, pues tendrás que tomar una cena más ligera o salir a correr unos cuantos kilómetros de más.

Por supuesto, es importante para nuestra salud y nuestro bienestar no solo cumplir con nuestros objetivos de calorías diarias. Si este fuera, por ejemplo, de 1700 calorías y nos comiéramos tres tabletas de chocolate, es probable que estuviéramos dentro de nuestro objetivo, pero eso no sería saludable porque nuestro organismo necesita una nutrición variada y completa.

Evitar alimentos procesados, refrescos, bollería industrial, etc. es más que recomendable y, por el contrario, aumentar la ingesta de verduras, frutas, y alimentos naturales sin procesar es una estupenda manera de saciarnos y nutrir nuestro cuerpo de forma saludable.

Alimentarte de esta manera hará que tengas más energía y vitalidad, te ayudará a sentirte y verte mejor y estarás previniendo muchas enfermedades.

De esta forma, está todo en tu mano, pasas a tener el control y dejarás de tener sorpresas desagradables cuando te vuelvas a poner sobre la báscula, más bien todo lo contrario, ya que cada día recibirás tu recompensa por lo que has hecho el día anterior, lo que resulta muy motivador.

El tesoro es tuyo.

Principio nº 9

Cuida tu cuerpo. Convierte lo intangible en tangible siendo consciente de la ingesta calórica que realizas y de las calorías que utilizas.

10

Drogar al piloto

Imagina que te ofrecieran medio millón de euros por cortarte una mano.

¿Aceptarías?

Seguramente no. Y posiblemente ni por un millón tampoco. Si das tal valor a una extremidad de tu cuerpo que tienes por duplicado,

¿cuál sería el valor que le darías a tu cerebro, que es el encargado de controlar todas las partes de tu cuerpo, de generarte placer, emociones, recuerdos, de poder pensar y de tantas cosas más?

¿Un millón? ¿Cinco? ¿Cien millones?

Imagina que se te ha obsequiado con un superordenador valorado en el mismo precio que tu cerebro (sea cual sea el valor que tú hayas decidido darle) que te ayudará a lograr el éxito en todas las áreas de tu vida.

¿Cómo crees que tratarías a ese increíble objeto de valor incalculable que puede hacer cosas extraordinarias por ti?

Me atrevería a decir que con muchísimo mimo y cuidado. Protegiéndolo del mas mínimo arañazo o rozadura, colocándolo en un lugar seguro, a salvo de cualquier posible daño, robo o deterioro.

Estoy seguro de que no se te ocurriría tirarle agua encima, manipularlo de forma imprudente, maltratarlo, golpearlo ni tirarlo al suelo…

¿Verdad?

Pues la realidad es que miles y millones de personas hacen algo muy similar a esto de forma habitual…

¿Te sorprende?

En este capítulo voy a hablar de la droga más peligrosa que existe. Puede haber otras más perjudiciales a título individual, como la heroína, por ejemplo, pero la diferencia es que la mencionada es ilegal y esta otra no solo es completamente legal y está socialmente aceptada, sino que es publicitada masivamente y consumida por casi todo el mundo. Me refiero al **alcohol**.

En España, nueve de cada diez adultos consumen alcohol. Es un dato que puede que no nos sorprenda, aunque si tenemos en cuenta lo que este hace por nosotros, debería… He aquí algunas de sus bondades.

Según un estudio científico realizado por unos investigadores y publicado en el año 2018 en la revista *The Lancet*, a lo largo del año mueren 2,8 millones de personas por problemas de salud asociados con el consumo de alcohol.

Al menos en el año 2016 fue **la primera causa a nivel mundial**

de riesgo por muerte prematura en personas de entre quince y cuarenta y nueve años. En mayores de cincuenta, la aparición de cáncer asociado con el consumo habitual de alcohol fue la principal causa de mortandad, tanto en hombres (27,1 % de las muertes) como en mujeres (18,9 %).

Cuando consumimos alcohol y nos «drogamos» con este, experimentamos sensaciones tales como: relajación, alegría, euforia, excitación, desinhibición... Hasta ahí, todo bien, nada que nos sorprenda en demasía.

Pero tenemos que saber que también causa perturbaciones en la química del cerebro que favorecen la aparición de cambios emocionales como irritabilidad, ansiedad, depresión o agresividad. Debido a deterioros en el hipocampo se manifiestan lapsos de memoria e incluso pérdidas completas. Afecta a las conexiones del córtex prefrontal del cerebro, zona encargada de mediar en la impulsividad de la persona, el razonamiento y la organización del comportamiento. Actúa como un anestésico que va deprimiendo el sistema nervioso central y causa lentitud motora. Un consumo excesivo puede hacer que perdamos la consciencia y niveles extremos pueden llevar a un envenenamiento, el coma y la muerte.

Su consumo a largo plazo puede derivar en trastornos emocionales y enfermedades como la depresión o la ansiedad. Esto es debido a que altera los niveles de serotonina del cerebro, disminuyéndolos. Limita el desarrollo cerebral en adolescentes, que están más expuestos también a desarrollar dificultades de aprendizaje y de memoria. Destruye neuronas, impide el crecimiento de nuevas células y reduce su número en ciertas áreas del cerebro. La destrucción de neuronas puede llegar a ocasionar un serio deterioro en el hipocampo, región encargada de intervenir en el almacenamiento de la memoria.

Este daño puede llegar a ser permanente incluso después de dejar de beber. Una adicción extrema puede llegar a generar un trastorno de psicosis en las personas, y hacer que experimenten todo tipo de alucinaciones, paranoias e ilusiones.

Algunas enfermedades relacionadas con el consumo de alcohol: gastritis, hepatitis, impotencia e infertilidad, infarto y trombosis, cáncer, pelagra, demencia, pancreatitis aguda, esofagitis, úlceras, diabetes, peritonitis, enfermedades cardiovasculares, incrementa el riesgo de hemorragia cerebral y de ictus isquémico, alteraciones en los riñones, anemia, daños cerebrales irreversibles, trastornos del sueño…

Es sabido por todos que son muchísimos los delitos fruto de su consumo: de tráfico, violencia doméstica, alteración del orden público, peleas, accidentes…

Cuántos enfados entre seres queridos tienen su origen en el alcohol. O, la cantidad de personas que están en la cárcel por una mala borrachera. ¿Cuál dirías que es el número de personas que cada fin de semana pierde el control, se ridiculiza y queda en evidencia delante de amigos, familiares, seres queridos y desconocidos, con las graves consecuencias psicológicas que esto conlleva?

No hace mucho leí el caso de un joven de buena familia que, después de haber estado bebiendo en su casa con amigos, cogió el coche de sus padres sin aún tener carnet de conducir y, producto de su embriaguez, en el trayecto atropelló a una persona en un paso de peatones y esta falleció. Las consecuencias ya os las podéis imaginar…

Existe un estudio publicado por la revista científica *The Lancet* en el que valoraron cuáles eran las drogas más perjudiciales para el ser humano. Y el resultado fue el siguiente.

A nivel individual, o sea, solo teniendo en cuenta el daño que le produce al consumidor, la más dañina era la heroína, seguida del crack y la metanfetamina.

Pero si sumaban al efecto dañino individual también el daño que causa su consumo a nivel social (accidentes, atropellos, muertes, violencia, etc.),

¿adivinas cuál de todas las drogas existentes se reveló como la más perjudicial?

Efectivamente: el alcohol. Por delante de la heroína y el crack.

Más datos sobre el alcohol. Este está implicado en:

el 60 % de las quemaduras, ahogamientos fatales y asesinatos, 50 % de las lesiones graves y agresiones sexuales y el 40 % de los accidentes en vehículos, caídas fatales y suicidios.

El alcohol no le sienta igual a todo el mundo. Hay personas que lo consumen sin que les cause tanto perjuicio y otras que cada vez que lo hacen es como si jugaran a la ruleta rusa.

¿De verdad merece la pena ese momento de efímera y falsa felicidad?

Si recuerdas la primera vez que consumiste alcohol, estoy seguro de que no te gustó su sabor. E incluso tuviste que esforzarte para beberlo. En aquel entonces, es posible que fueras joven y que lo hicieses porque todo el mundo lo hacía o para ayudarte a desinhibirte cuando estabas socializando con amigos. Los beneficios que te pudo haber reportado su consumo, además de haber sido efímeros, te pasaron una desagradable factura en forma de resaca y malestar al día siguiente. También es muy probable que, producto de la embriaguez, hayas hecho o dicho cosas de las que te arrepentiste.

El alcohol es una droga y, como tal, genera una adicción. Empiezas a consumirla sin que te guste, de forma esporádica, y terminas por consumirla cada vez con más frecuencia. Da igual que te des cuenta de que no te está aportando cosas buenas a tu vida, el cuerpo te la seguirá pidiendo muy sutilmente. Como consecuencia de esto, muchas personas terminan convirtiéndose en alcohólicos y destruyendo su vida por completo. En Europa, casi un 8 % de la población son alcohólicos (entre la población mayor de 15 años), y hay algunos países en los que esta cifra se acerca al 20 %.

Son muchos los famosos que se han visto obligados a reconocer públicamente los graves problemas que el alcohol les ha ocasionado en su vida: Brad Pitt, Ben Affleck, Johnny Depp, Robert Downey, Adele, Anthony Hopkins, Drew Barrymore, Daniel Radcliffe, Samuel L. Jackson, Sting… La lista es interminable. Ninguna persona está exenta de poder sufrir sus devastadores efectos. Por suerte, muchos de ellos se han dado cuenta y han querido convertirlo en parte de su pasado.

Sabiendo todo lo que se sabe hoy del alcohol, me cuesta entender cómo es posible que sea una droga que esté tan aceptada en nuestra sociedad…

Para una persona que desea alcanzar el éxito a nivel deportivo, académico, profesional e incluso sentimental y familiar, el consumo de alcohol puede ser el causante de su fracaso, ya que perjudica el desarrollo muscular, nubla y daña la mente y trastoca el sistema nervioso, entre muchas otras cosas, como ya sabemos.

Además de todo esto, hay varios estudios científicos que demuestran que consumir alcohol hace que comamos más, por varias razones. Entre estas se encuentra que se ha descubierto que cuando consumimos alcohol se activan unas neuronas en el cerebro llamadas AGRP, que son las que se activan cuando el cuerpo experimenta hambre. También hay evidencias de que su consumo puede influir en las hormonas relacionadas con la saciedad, inhibiendo los efectos de la leptina, una hormona que suprime el apetito, y la GLP-1, que inhibe la ingesta de alimentos.

Con lo que no solo daña tu salud física y mental, sino que también juega en tu contra en tu esfuerzo de alcanzar o mantener tu peso deseado, aportando una gran cantidad de calorías vacías y evitando que te sientas saciado cuando comes.

Aquí no acaba todo, ya que si además de darle importancia a tu físico por dentro también se lo das por fuera, debes saber que, es muy dañino para la piel y que acelera el envejecimiento, debido a la perdida de hidratación que ocasiona y a la destrucción de muchas de las vitaminas que ingerimos cuando nos alimentamos. ¿Será este el motivo por el cual las Kardashian no lo consumen?

Mi intención con este capítulo no es decirte si debes o no consumir alcohol, sino simplemente presentarte los hechos y advertirte de los riesgos de hacerlo, de igual manera que me habría gustado a mí que alguien lo hubiera hecho cuando era más joven. En mi caso, puedo afirmar sin miedo a equivocarme, que de las cosas que he hecho a lo largo de mi vida, de las que más me he arrepentido han sido producto del alcohol.

Es cierto que un consumo muy controlado y esporádico, podría no tener graves consecuencias. El problema es que la misma esencia del alcohol hace muy difícil para la mayoría de las personas el consumirlo de esa manera, sobre todo de forma sostenida en el tiempo.

Muchas personas consumen alcohol y se embriagan para sentirse felices. Una breve felicidad... Una breve felicidad que, antes de haberlo probado, no les hacía falta, porque ya podían divertirse y ser felices sin necesidad de consumirlo.

La realidad es que si para sentirte feliz necesitas consumir alcohol, es señal de que hay algo en tu vida que no anda bien y tienes un problema que solucionar, ya que el ser humano viene al mundo siendo feliz de serie. Y si no, fíjate en los niños. Y si ya eras feliz y lo consumes, será como tirar una piedra a un bidón que se encuentra lleno de agua (donde el agua es igual a tu felicidad): se rebosará y, después de sacar esa piedra, el nivel de agua habrá descendido por los daños que este te habrá generado. Si el bidón estaba medio lleno, al lanzar esta piedra, también salpicará y bajará más su nivel. Y si lanzas la piedra a un bidón sin agua, esta terminará destrozando el bidón.

He experimentado lo que es pasar largos periodos de tiempo sin probar ni una gota de alcohol y estos son algunos de los cambios que he apreciado: importante mejora de la memoria, reducción de los niveles de estrés, aumento de autoestima, mejora notable del físico en cuestión de unas pocas semanas, mayor seguridad en mí mismo, mucha más concentración, mayor productividad, reducción casi a cero de los dolores de cabeza, mayor bienestar general, menos nerviosismo y más tranquilidad, más y mejor capacidad en la toma de decisiones…

No debe ser casualidad que tantas personas de éxito, no beban alcohol, lo hayan dejado o apenas lo consuman. Algunos nombres reconocidos pueden ser: Steve Jobs, Warren Buffett, Abraham Lincoln, Bradley Cooper, Miranda Kerr, Jennifer Lopez, Kim Kardashian, Letizia Ortiz, Tom Cruise, Pharrell Williams, Eminem, Alec Baldwin, Joe Biden, Akon, Joe Manganiello, Jim Carrey…

Es posible que hayas oído alguna vez que el alcohol en pequeñas cantidades es bueno para prevenir o tratar determinadas enfermedades, pero la realidad es que hace ya tiempo que está científicamente demostrado que hasta la más pequeña cantidad de alcohol consumida tiene más efectos perjudiciales para nuestra salud que beneficiosos.

El hábito de consumir alcohol no solo no aporta nada beneficioso a tu vida y puede causarte una grave enfermedad, sino que afecta a tu cerebro y a tu persona a un nivel que nadie puede desear. El alcohol te hace peor persona, física, intelectual y emocionalmente.

¿Quién querría empeorar sus capacidades intelectuales, tener peor memoria, ser más lento, estar menos sano, tener menos autoestima, ser más nervioso e irritable, ansioso o depresivo...?

¿Marioneta o titiritero?

Principio n° 10

El alcohol es una droga legal muy peligrosa que siempre te quitará más de lo que te dará. Podría ser la que robe tus sueños

---

11

Bien por dentro bien por fuera

Cada vez son más los estudios que relacionan el **estado emocio-nal** de las personas con el desarrollo de muchas enfermedades.

Según un estudio reciente, entre el 60 % y el 80 % de las consultas en medicina general son propiciadas por estados emocionales mal gestionados.

Por lo tanto, si queremos contribuir a tener un cuerpo sano, una de las mejores cosas que podemos hacer es la de sentirnos bien por dentro. Vivir libres de rencor, estrés, odio, rabia, nerviosismo, y todo lo que tenga que ver con emociones negativas.

De forma genérica sabemos que todas esas emociones son indeseables, pero si a esto le añadimos que tal vez el mero hecho de guardar rencor a esa persona que un día te hizo daño te puede originar un cáncer, que por exceso de nervios te puede salir una dermatitis o úlcera, entrar en una depresión o incluso sufrir un infarto, pues tal vez le demos algo más de importancia a esto.

La salud y la calidad de vida se encuentran indudablemente ligadas a nuestro estado emocional y espiritual. Es importante hacer ejercicio físico y comer de forma saludable pero si internamente no hacemos nuestra tarea para vivir en paz y armonía, de nada servirá. Si aplicas en tu día a día las enseñanzas que se presentan en este libro (o al menos algunas), notarás que la paz y la tranquilidad entrarán por la puerta delantera de tu casa igual de rápido que los nervios y el malestar saldrán por la puerta trasera.

$$Paz = Salud.$$

Principio nº 11

Cuida tus emociones, ya que están directamente relacionadas con tu salud física.

12

Arenas movedizas

Había oído hablar del estrés, pero no supe realmente lo que era hasta que llamó a mi puerta.

Me encontraba a medio camino entre mis veinte y mis treinta años de edad, una etapa en la que estaban sucediendo muchas cosas en mi vida desde hacía algún tiempo. Se me habían juntado momentos de mucha presión laboral (tenía dos trabajos en aquel entonces y simultáneamente estaba preparando unas pruebas para una aerolínea), fracasos profesionales, sobresaltos sentimentales, sumado a que todo ello estaba sucediendo en un país extranjero a miles de kilómetros de mi tierra, mi familia y mis amigos más cercanos.

Llevaba algún tiempo sintiéndome raro, con falta de memoria, baja concentración, somnolencia, tensión en la mandíbula, ligeros mareos y dolores de cabeza, y hasta notaba como un sabor extraño en la boca. Recuerdo incluso pensar que tal vez podría tener un tumor en la cabeza.

No fue hasta que un día, en medio del trabajo, me dio un fuerte mareo que me dejó al borde del desmayo e hizo que me fuera a casa a acostarme cuando descubrí lo que me estaba pasando.

Al despertar y abrir el ordenador, recuerdo recibir un mensaje de un buen amigo por Messenger (un chat que se utilizaba mediante el ordenador en aquella época) preguntándome cómo estaba. Al contarle lo que me había sucedido, me dijo que, sin tener la certeza al cien por cien, apostaría a que el causante de todo aquello se llamaba estrés y que sabía lo que era porque él mismo lo había sufrido.

Después de esa reveladora noticia, me puse a buscar en la red todo lo relacionado con esta dolencia y, efectivamente, mis síntomas coincidían a la perfección con la descripción.

Síntomas del estrés: Dolores de cabeza, falta de energía o concentración, mala memoria, cansancio, problemas para dormir o dormir demasiado, pérdida o aumento de peso, consumo de alcohol o drogas para relajarse, cuello o mandíbula rígidos, malestar de estómago, dolores o achaques frecuentes, problemas sexuales, dolor en el pecho…

No había dudas, todo lo que me estaba sucediendo provenía de ahí. Recuerdo sentir un gran alivio: a fin de cuentas, ya podía descartar el tumor en la cabeza… Y saber que tenía estrés no sonaba tan preocupante. Aunque, como pude descubrir *a posteriori*, tampoco era como para tomárselo a broma.

Algo que debemos saber del estrés es que puede llegar a tu vida sin que te des cuenta, de una forma muy sutil, pero que, sin embargo, puede traer consigo un montón de cosas negativas, que después no son fáciles de eliminar, y que pueden llegar a derivar en **depresión, ansiedad** y **ataques de pánico,** entre otras cosas.

Cuando nos vemos afectados por situaciones estresantes, el cuerpo libera cortisol, una hormona muy necesaria para el organismo en momentos puntuales pero que en grandes cantidades y liberada de forma continuada, si los factores estresantes permanecen, se vuelve muy perjudicial para nosotros, casi como si fuera un veneno.

Además, el estrés es acumulativo, lo que quiere decir que pequeños sucesos que *a priori* pueden parecer de poca importancia se van sumando y se convierten en grandes amenazas para tu bienestar y salud.

A modo de ejemplo vamos a mostrar una tabla con diferentes situaciones y sus valores con respecto a una escala de nivel de estrés, recordando que estos valores se suman entre sí.

Si estás interesado, puedes realizar la prueba completa. Al final de este capítulo te amplío información acerca de esta escala y de sus creadores.

* * * * * * *

Escala de estrés de Holmes-Rahe

Instrucciones:
Marque el valor en puntos de cada una de estas vivencias que le haya sucedido **durante el año anterior**. Calcule el total de los puntos asociados.

Valor en vivencia Puntos:

1. Muerte del cónyuge   100
2. Divorcio   73
3. Separación de la pareja   65

4. Detención en una cárcel u otra institución   63

5. Muerte de un familiar cercano   63

6. Lesión o enfermedad personal importante   53

7. Casamiento   50

8. Despido laboral   47

9. Reconciliación con la pareja   45

10. Jubilación   45

11. Cambio importante en la salud o la conducta de un familiar 44

12. Embarazo   40

13. Problemas sexuales   39

14. Nuevo integrante en la familia (nacimiento, adopción, adulto mayor que se mudó para vivir con usted, etc.) 39

15. Reajuste comercial importante   39

16. Cambio importante del estado financiero (mucho peor o mejor que lo habitual) 38

17. Muerte de un amigo cercano   37

18. Cambio de rubro laboral   36

19. Cambio importante en la cantidad de discusiones con el cónyuge (ya sea mucho más o mucho menos que lo habitual con respecto a la crianza de los hijos, hábitos personales, etc.) 35

20. Firmar una hipoteca (sobre la casa, negocio, etc.) 31

21. Ejecución de una hipoteca o préstamo   30

22. Cambio importante de las responsabilidades laborales (ascenso, descenso de categoría, etc.) 29

23. Hijo o hija que deja la casa (por casamiento, para ir a la universidad, para entrar a las fuerzas armadas) 29

24. Problemas con parientes políticos   29

25. Logro personal sobresaliente   28

26. Cónyuge que empieza a trabajar fuera de la casa o deja de hacerlo 26

27. Comienzo o fin de la educación formal   26

28.Cambio importante en las condiciones de vida (casa nueva, remodelación, deterioro del barrio o la casa, etc.) 25

29. Modificación de hábitos personales (cómo se viste, personas que frecuenta, dejar de fumar, etc.) 24

30. Problemas con el jefe   23

31. Cambios importantes en las condiciones laborales o la cantidad de horas trabajadas 20

32. Cambios de domicilio   20

33. Cambio a una nueva escuela   20

34. Cambio importante en el tipo o la cantidad de actividad de ocio habitual 19

35. Cambio importante en la actividad relacionada con la iglesia (mucho más o mucho menos que lo habitual) 19

36. Cambio importante en las actividades sociales (clubes, cine, visitas, etc.) 18

37. Pedir un préstamo (para un auto, TV, electrodomésticos, etc.) 17

38. Cambio importante en los hábitos de sueño (mucho más o mucho menos que lo habitual) 16

39. Cambio importante en la cantidad de reuniones familiares (mucho más o mucho menos que lo habitual) 15

40. Cambio importante en los hábitos alimentarios (ingesta mucho mayor o mucho menor de alimentos u horarios o ambientes muy diferentes para las comidas) 15

41. Vacaciones   13

42. Festividades importantes   12

43. Infracciones menores de la ley (multas de tráfico, cruce imprudente de calles, alteración del orden, etc.) 11

Sume todos los puntos que tenga para averiguar su puntaje. Si tuvo:

150 puntos o menos: Significa que tiene una cantidad relativamente baja de cambios en su vida y una susceptibilidad baja a un

colapso de la salud inducido por el estrés.

150 a 300 puntos: Eso implica una probabilidad de aproximadamente un 50 % de tener un colapso importante de la salud en los próximos dos años.

300 puntos o más: Eso implica una probabilidad de aproximadamente un 80 % de sufrir un colapso importante de la salud en los próximos dos años, según el modelo de predicción estadística de Holmes-Rahe.

La que se conoce como Escala de estrés Holmes-Rahe fue elaborada en 1967 por parte de los psicólogos Thomas Holmes y Richard Rahe. La escala se realizó analizando más de cinco mil registros médicos de pacientes en la búsqueda de alguna conexión entre estrés y el hecho de que hubieran enfermado.

El estudio les permitió concebir una lista de 43 acontecimientos vitales a los que se otorga una puntuación en función de lo estresantes que son para la persona que los experimenta. Así, gracias a una puntuación de 0 a 100, se evaluaba lo estresante que era una vivencia, pero no solo porque fuera negativa per se, sino en función también de otros factores, como el grado de incertidumbre que provoca o el cambio que supone para la persona.

Esta puntuación emplea lo que llamaron unidades de cambio vital (life change units LCU por sus siglas en inglés): a mayor puntuación, más estresante se considera la experiencia.

* * * * * * *

Ahora que ya sabemos lo que es el estrés y si lo estamos padeciendo o no y en qué grado, podemos empezar a trabajar en qué podemos hacer para prevenirlo o combatirlo.

Del ejemplo de la tabla podemos sacar la conclusión de que casi cualquier cambio o suceso en nuestra vida nos genera cierto nivel de estrés, y también sabemos que se suman entre sí. Además, si nos fijamos, estos doctores tienen en cuenta todo lo que nos ha pasado en un rango de tiempo de doce meses y no necesariamente en el momento en que nos ha sucedido el colapso o cuando nos sentimos mal. Este dato es muy importante, ya que nos indica que incluso si hoy desaparecieran todas esas circunstancias estresantes, pasarían doce meses hasta que sus efectos dejaran de contabilizarse en el cómputo. Por lo tanto, esto nos indica que no podemos esperar librarnos del estrés de la noche a la mañana, sino que será un proceso y, por lo tanto, tenemos que ser pacientes y constantes.

Tiene sentido llegar a la conclusión de que si todos esos cambios y sucesos (más muchos otros) van a contribuir a aumentar nuestro nivel de estrés, lo que tendremos que hacer en la medida de lo posible es evitar ese tipo de situaciones (algunas de ellas están bajo nuestro control y otras no) y sacar de nuestra vida tantas como nos sea posible. Por lo tanto, el primer paso es ser conscientes de ello y actuar en consecuencia. Yo no lo era en su día y me cogió completamente desprevenido. Quién iba a pensar que irnos de vacaciones genera cierto estrés o que algo que sucedió hace ocho meses todavía me podía estar pasando factura.

Por suerte, después de documentarme acerca de ello, pude ir introduciendo una serie de cambios en mi vida que me permitieron, de forma gradual y después de meses, recuperar unos niveles saludables de estrés que hicieron que esos indeseables síntomas fueran desapareciendo. ¡Y de repente, como por arte de magia, había dejado de ser una persona con mala memoria!

A lo largo de este libro hemos tocado y vamos a tocar muchos temas que nos ayudarán en este sentido, pero como segundo punto relativo a combatir el estrés quiero destacar la importancia de hacer más de esas cosas que nos hacen sentir bien y nos aportan felicidad, ya que estas hacen que nuestro organismo genere una serie de sustancias químicas como son la dopamina, la serotonina, la oxitocina y las endorfinas, que actúan en nuestro organismo en el sentido opuesto, contrarrestando los efectos del exceso de cortisol.

Pueden ser cosas como: quedar con un amigo, dar un paseo por el campo, disfrutar de un baño en el mar, leer un libro, escuchar música, reír, cantar, bailar, acariciar a un perro, hacer deporte,* ver una película o jugar. Sea lo que sea que te guste hacer y te haga sentir bien, haz más de eso. Porque al igual que el estrés es acumulativo, la felicidad también, y no se gestionan las situaciones estresantes de la misma manera si tienes un buen colchón de felicidad acumulada de tu lado.

*El ejercicio físico moderado es un gran aliado a la hora de combatir el estrés y los niveles de cortisol. Y digo moderado porque entrenamientos demasiado largos (más de cuarenta minutos aproximadamente) hacen que el cuerpo libere en altas cantidades esta ya famosa hormona en nuestro organismo llamada cortisol.

Por último, otro punto que hay que tener en cuenta a la hora de controlar los niveles de estrés y cortisol es la dieta. Llevar una dieta saludable nos puede ayudar en gran medida a reducir sus niveles. Alimentos como el café, el azúcar, la harina blanca o las frituras grasosas hacen que nuestros niveles de cortisol se disparen.

Si nosotros fuéramos globos aerostáticos, hechos para volar y sentirnos en la plenitud a cierta altitud, el estrés sería como esos pesados sacos de arena o lastres, que hay que ir tirando para que podamos elevarnos. Cuantos más vayas echando fuera de la cesta, más y más nos iremos elevando en el cielo. Pero si tenemos la cesta llena de pesados sacos, no lograremos levantar el vuelo.

El estrés es acumulativo, pero la felicidad también

Principio nº 12

Vigila de cerca el estrés. Se cuela en tu vida de forma sutil y después es muy difícil sacarlo. Haz más de lo que te haga feliz y limita el número de factores estresantes que hay en tu vida.

13

¿Colina o montaña?

La vida está en constante movimiento y evolución, la tierra nunca deja de girar y los seres humanos ni podemos ni queremos pasarnos la vida encerrados en casa mientras esta pasa ante nuestros ojos. Por lo tanto, suceden cosas, siempre suceden cosas. Algunas nos las esperamos y otras nos pillan por sorpresa. De una manera o de otra, muchas de estas las solemos denominar **problemas.** Pero ¿qué tipo de problemas? ¿Problemas como los que nos ponían en la escuela en clase de matemáticas o problemas como los que nos suceden en la vida real, que nos hacen sentir tan mal?

Y yo pregunto:

¿existe alguna diferencia entre unos y otros?

Sí, desde luego. Que uno de estos problemas es ficticio y trata sobre peras y manzanas y el que nos sucede a nosotros en la vida real no.

Pero ¿acaso nuestro enfoque a la hora de resolverlo debería

cambiar por este motivo?

La manera en la que percibimos un «problema» y reaccionamos ante él puede ser la causa de que tus niveles de estrés se disparen o no. Hay diferentes formas de abordar esas «situaciones» (vamos a no llamarlas problemas, que suena muy dramático) que nos suceden y que nos ayudan no solo a afrontarlas de mejor manera sino a sacar algún provecho de ellas.

El primer enfoque que tenemos que tener en cuenta cuando nos sucede algo *a priori* indeseable y a lo que deberíamos de encontrarle una solución, es pensar que como se suele decir:

Para cada problema hay una solución.

Recordar esto nos debería ayudar a salir del pánico inicial.

El segundo planteamiento y para mí el más importante, que Anxo Pérez trata muy bien en uno de sus libros (Los 88 peldaños del éxito) y que a mí me ayuda a afrontar cualquier problema con mucha más tranquilidad, es saber que **la solución a un problema es directamente proporcional al tiempo que inviertes en solucionarlo.** Esto quiere decir que puedes estar tranquilo, que todo tiene solución, lo único que puede pasar es que necesites invertir algo más de tiempo en encontrar una solución satisfactoria. Un problema pequeño probablemente requiera menos tiempo y un problema más grande, algo más. Con lo que cada instante que pasas buscando una solución estás un poco más cerca de hallarla. ¿Te preocupa algo que ha sucedido? Pues como dice un dicho que me encanta:

No hay que preocuparse, hay que ocuparse.

Otro planteamiento que me gusta emplear cuando surgen estas situaciones es el de que se nos está dando una oportunidad de practicar nuestra creatividad e inteligencia y nuestro ingenio relacionado con la resolución de «situaciones». En el colegio, para preparar un examen de matemáticas de problemas, lo que solías hacer era practicar en casa muchos diferentes para que al llegar el examen tuvieras la práctica y la agilidad necesarias y pudieras resolverlos en el tiempo que te era dado. Pues en la vida real no tiene por qué ser diferente. Cada vez que suceda algo que requiera una solución, plantéatelo como un reto, una oportunidad de agudizar tu ingenio y tus habilidades a la hora de resolver situaciones. Esta es una cualidad que te vendrá muy bien tener de tu lado a lo largo de toda la vida, no solo para aplicar en tu vida personal, sino también en la laboral y social.

Normalmente, ¿quiénes son los empleados, empresarios y emprendedores más valorados y mejor pagados? Los que son capaces de solucionar los problemas más grandes en el mayor número de ocasiones o al mayor número de personas. Así que si la vida te pone una **«situación»** delante, tómalo como si fuera un entrenamiento que te permitirá seguir perfeccionando una habilidad que te ayudará a alcanzar algo más grande en el futuro.

¿Jugamos?

Principio nº 13

Afronta cada problema como si fuera un juego en el que gana el que encuentra la solución más satisfactoria más rápidamente. Recuerda que la solución a cualquier problema es directamente proporcional al tiempo que inviertes en solucionarlo.

14

¿Acción? Reacción

A toda acción le sigue una reacción. Si nuestras acciones son acertadas, las reacciones que recibiremos posiblemente serán positivas, pero si las reacciones que recibimos no son las deseadas, entonces tendremos que analizar qué tenemos que hacer distinto para obtener resultados diferentes.

De ahí la famosa frase de Albert Einstein:

«Si buscas resultados distintos, no hagas siempre lo mismo».

Si vas por la calle con una sonrisa, es muy probable que recibas sonrisas de vuelta, si te diriges al panadero con amabilidad, es muy probable que te trate con amabilidad, y si tus interacciones son realizadas con buenas energías, buena energía te vendrá de vuelta.

Pero si, por el contrario, te permites mostrarte al mundo cargado de enfado y negatividad, eso es exactamente lo que vas a transmitir y compartir. Y, como hemos visto, a toda acción le sigue una reacción, por lo que lo que recibirás de vuelta irá en consonancia con lo que transmites. Eso hará que te enfades más aún y te sientas peor, por lo que transmitirás más enfado y más negatividad, con lo que recibirás peores reacciones. Y así se entra en una espiral de negatividad que se retroalimenta y no deja de crecer...

Pero este capítulo va mas allá de esto, tiene un fondo mucho más profundo. Es muy cierto que si queremos obtener resultados diferentes en la vida, en cualquier área, tendremos que empezar a hacer cosas que no estábamos haciendo antes o dejar de hacer cosas que estamos haciendo y no están funcionando. Y esta es una lección muy importante.

Pero hay algo que debemos entender, que va más allá aún y que es el hecho de ser conscientes y comprender que somos los responsables de todo lo que nos sucede en la vida, y no lo contrario, que la vida es responsable de todo lo que nos sucede.

Hay personas a quienes les cuesta mucho llegar a entender esta afirmación y estar de acuerdo con ella, por diferentes motivos. El principal es que reconocer esta realidad les genera un dolor que prefieren evitar engañándose a ellos mismos.

Pero lo cierto es que cuanto antes lo aceptes, antes empezaras a emprender cambios que harán que obtengas resultados diferentes.

Vamos a poner unos cuantos ejemplos, aunque esto se aplica a absolutamente a todo lo que nos sucede en la vida.

Ejemplo número uno: nuestro jefe me despide porque, en mi opinión, «me tiene manía» pero resulta que a lo largo del año he llegado cuatro días tarde a trabajar y me paso el rato mirando el móvil, ha bajado la demanda y sobra un trabajador y, de entre todos, del que prefieren prescindir es lógicamente de mí.

Ejemplo número dos: llego tarde a clase porque «hubo un accidente de trafico» y no porque no salí de casa con más margen de tiempo por si pudiera surgir un imprevisto.

Ejemplo número tres: resulta que me han descubierto un tumor y considero que ha sido mala suerte; sin embargo, guardo muchísimo rencor desde hace años a esas personas que se portaron mal conmigo y a quienes no he sido capaz de perdonar.

Cada vez que nos sucede algo «malo», solemos buscar excusas para quitarnos el remordimiento de conciencia propio o para defendernos ante otras personas. El problema de este comportamiento es que no nos ayuda a crecer. Esa clase de respuesta lo único que logra es que esas situaciones sigan repitiéndose una y otra vez, con el consiguiente malestar para ti.

Si, por el contrario, somos capaces de reconocer que podíamos haber hecho las cosas de forma diferente para obtener resultados distintos y nos responsabilizamos de las cosas que suceden en nuestra vida, no solo nos va a honrar por la valentía y madurez que ese acto demuestra ante otras personas, sino que nos permitirá analizar la situación de forma objetiva para acometer cambios que nos harán crecer y que traerán muchas cosas positivas a nuestra vida.

La mejor excusa no es una buena excusa

Principio nº 14

Eres responsable de todo lo que sucede en tu vida.
Acéptalo y observa el cambio.

15

Nuestro villano menos favorito

Ahora vamos a hablar de nuestro peor enemigo, nuestro **EGO**. Ese que hace que no seamos capaces de reconocer nuestros errores incluso cuando nos hemos dado cuenta de que los hemos cometido. Ese responsable de tantas discusiones, que hace que se alarguen en el tiempo, y que tantos enfados nos hace coger.

No somos conscientes de la cantidad de cosas que decimos, hacemos o dejamos de hacer por culpa del ego. Una cosa es tener amor propio y otra muy diferente es nuestro ego, que nos es útil para... **NADA**.

De ahora en adelante, empieza a fijarte cuando tengas una conversación con alguien y esta persona diga algo que te moleste. Es probable que tu reacción inicial sea tomártelo a mal y responder a la defensiva, o simplemente ofenderte. En lugar de eso, intenta ver las cosas con cierta perspectiva e identifica si esa molestia que estás sintiendo está relacionada con tu ego. Es muy probable que en la mayoría de las situaciones sea así. Y en lugar de ofenderte y reaccionar, intenta ver las cosas con objetividad, no tomártelo de forma personal y, sobre todo, entender que no vas a valer más o menos como persona por una opinión subjetiva que tenga alguien de forma puntual en relación a algo que hiciste o dijiste.

Tal vez esa persona tenga una opinión diferente a la tuya o haya hecho una crítica sobre un rasgo de tu personalidad. Existen infinidad de ocasiones en las que tu ego hace su aparición, y en el cien por cien de ellas, si permites que sea este el que tome el control, hará que reacciones de la forma equivocada.

Desde luego esto no quiere decir que tengas que callarte si una persona está diciendo algo que tú sabes que no es cierto. Todo lo contrario, pero no reacciones a una opinión o punto de vista subjetivo de una persona sintiéndolo como un ataque personal. Es mas, como ya dijimos en el capítulo dos, puede ser una gran oportunidad para aprender algo que no sabíamos de nosotros mismos o no nos habíamos dado cuenta.

Es nuestro ego quien nos puede llevar a comprarnos un coche más caro del que tal vez nos podemos permitir, a insultar a una persona, a terminar equivocadamente una relación de amistad e incluso de pareja o a dejar escapar una oportunidad profesional que nos habría apasionado pero que socialmente a lo mejor está peor vista. Es el mismo ego el que muchas veces no nos deja lanzarnos a ese emprendimiento por cómo nos puede mostrar ante los demás si nos va mal e incluso también aunque nos vaya bien. También puede ser el responsable de que hagamos determinadas cosas movidos únicamente por la búsqueda de reconocimiento.

El ego es un monstruo horrible que nos deforma la personalidad, daña relaciones y nos impide crecer. Ser capaz de identificar cuándo es nuestro ego quien está hablando o actuando por nosotros no es tarea fácil, porque lo tenemos muy integrado en nuestra persona, pero prestándole la atención necesaria se puede lograr y, de esta manera, mejorar tu vida de forma significativa y experimentar un crecimiento personal de grandes dimensiones.

Una cosa es nuestro amor propio, que es algo bueno, y otra diferente nuestro ego, que es malo. Otra persona puede dañar a nuestro ego con una acción o palabra, pero **nuestro amor propio solo depende de nosotros mismos**.

No eres tú, es él.

Principio nº 15

Toda reacción que nazca desde nuestro ego va a ser equivocada. Aprende a identificarlo y acaba con él.

16

Nuestro mejor amigo

¿Por qué será que nos cuesta tanto pronunciar estas palabras? Perdón. O perdóname, **lo siento**, disculpa… Con lo poderosas que son.

> *¿Será porque nuestro villano menos favorito se resiste a ello?*

¿Cuántas veces sentimos, después de una discusión, que nos hemos equivocado y sin embargo no somos capaces de pronunciar esa palabra tan sencilla, tan corta y con tanto significado?

Normalmente, cuando alguien nos dice algo que hemos hecho mal —o por lo menos para esa persona ha sido así—, lo primero que hacemos es excusarnos o incluso, en ocasiones, sentirnos atacados y contraatacar, lo que hace que las cosas se pongan aún peor, cuando muchas veces todo podía haber terminado con una simple disculpa.

Da igual que para nosotros no hayamos hecho nada malo, a veces las cosas se ven diferentes desde otro punto de vista. O lo que para ti está bien, para mí no. Por lo que es importante ser capaces de empatizar con la otra persona y ponernos en su piel para poder llegar a entender mejor cómo se está sintiendo y el motivo por el cual está reaccionando así.

Así que prueba la próxima vez a comenzar primero con una disculpa, transmite a la persona, si es necesario, que no sabías que se iba a sentir así por eso que hiciste y ya después, si quieres, le ofreces tu punto de vista y las explicaciones de por qué has hecho lo que has hecho de esa manera.

Verás que las cosas transcurren de una manera muy diferente y que, además, te vas a sentir realmente bien por haber tenido la capacidad de no reaccionar según tu primer instinto y de haber sido capaz de reconducir la situación de lo que podría haber sido una discusión desagradable hacia una oportunidad de empatizar y comunicarte de forma efectiva con esa persona. Además, es muy probable que después de esa interacción tu conexión con esa persona aumente, en lugar de lo contrario, y que, incluso, dependiendo de la situación, hayas sentado las bases de una nueva amistad en lugar de lo que podía haber sido ganarte un enemigo.

No hay forma de desarmar más rápidamente a una persona que cuando escucha salir de tus labios la palabra **PERDÓN**. Esta simple palabra tiene un poder y un impacto inmenso. Y lograría bajar la guardia del mismísimo Mike Tyson, al igual que evitaría el lanzamiento de misiles entre naciones. Así de poderoso es el efecto de una disculpa sincera, y es algo que está al alcance de todos y cada uno de nosotros en cualquier momento.

Creemos que por pedir disculpas, y tal vez reconocer que nos hemos equivocado, nos estamos infravalorando, cuando en realidad es lo contrario. Hay que partir de la base de que nadie es perfecto, que todos cometemos errores y nos equivocamos, y el hecho de reconocerlo no nos hace inferiores, sino todo lo contrario: demuestra madurez y fortaleza de espíritu.

¿Te imaginas el número de discusiones de pareja que se habrían evitado con una disculpa a tiempo? ¿La de peleas entre amigos, familiares y desconocidos?

Una disculpa sincera honra a la persona que la ofrece; sin embargo, evitarla nos hace parecer débiles y faltos de confianza.

Parece algo pequeño, pero no quiero ni saber la cantidad de vidas que se podrían haber salvado a lo largo de la historía de la humanidad si una de las partes hubiera dejado su orgullo y su ego a un lado y hubiera pronunciado esa noble palabra:

Perdón

Principio nº 16

Ser capaces de empatizar con otras personas y de pedir disculpas cuando nos hemos dado cuenta de que hemos cometido un error demuestra madurez y fortaleza de espíritu.

17

Amnesia transitoria

Sinceramente, me sorprende y apena ver como, a día de hoy, el ser humano sigue utilizando la **violencia** para resolver conflictos.

Parece como si no hubiéramos aprendido nada de nuestra historia, y como si todas las barbaridades que se hacían en el pasado y que aún se siguen haciendo en muchas partes del mundo no hubieran sido ejemplo suficiente de lo que no se debe hacer.

La realidad es que no nos tenemos que ir muy lejos para ver actos de violencia física o verbal. En tu ciudad, tu barrio y tal vez en tu escuela, en el trabajo o incluso en tu propia casa suceden a diario.

Un desprecio, un insulto, un empujón, una amenaza, una cachetada, un puñetazo, una paliza, un homicidio, una guerra...

Debemos rechazar hasta el más mínimo acto de violencia, ya que hasta la peor de las barbaridades que se han cometido a lo largo de los tiempos comenzó con un acto que le molestó a alguien y que después fue ascendiendo en la escala de violencia hasta niveles que por desgracia todos conocemos.

El asesinato de una única persona fue el desencadenante de la muerte de muchas más. Sucedió cuando Gavrielo Princip, nacionalista serbio, asesinó a Francisco Fernando de Austria, heredero del Imperio austro-húngaro, el 24 de junio de 1914, hecho que hizo que se desencadenaran una serie de acontecimientos que dieron lugar a la Primera Guerra Mundial, donde perdieron la vida más de veinte millones de personas.

Si tienes un desencuentro con alguien, discúlpate y busca entender a la otra persona siempre que puedas, pero no intentes pagarle con la misma moneda, porque ese es el origen de todo acto de violencia que tanto daño hace a la humanidad, aunque sea a pequeña escala.

Hay personas que aún piensan que no responder a un ataque determinado con violencia física o verbal es de cobardes y lo que no entienden es que es todo lo contrario. Es un acto de sabiduría de espíritu, y de consciencia de que actuar con violencia, sea cual sea esta, es el origen de cosas espantosas que hacen que parezca que no hemos evolucionado desde la época de las cavernas.

Con esto no digo que en caso de agresión, renuncies a tu derecho de defenderte, sino que de forma activa intentes no recurrir a la violencia como un medio válido para resolver conflictos.

« Ojo por ojo y el mundo quedará ciego ».

Mahatma Gandhi

Sabemos que el ser humano es capaz de todo por salvar su honor.

Mientras escribo estas líneas, escucho la noticia sobre el homicidio de un hombre. Todo comenzó con una discusión entre dos personas en un bar, que derivó en una pelea ya fuera de este en la que uno de ellos terminó con la vida del otro al asestarle varias puñaladas. La discusión se originó por opiniones contrarias sobre un partido de fútbol.

¿Suena a película?

Pues no lo es, ya que situaciones así suceden a diario.

¿Acaso que te sientas capaz de golpear a otra persona y humillarla te da derecho a hacerlo? ¿Estarías dispuesto a aceptar que esa persona, por salvar su honor, te atacara con un arma y que tal vez perdieras la vida? ¿Y todo por una simple discusión que hizo que se disparara tu ego?

Así comienzan las guerras. Hasta el más pequeño acto de violencia física o verbal es irresponsable, y debe ser evitado a toda costa si queremos evolucionar y hacer de este un mundo mejor.

Que sientas que tienes la capacidad física o intelectual de dañar a alguien que te ha molestado no te da derecho a hacerlo.

Imagina que ves a una persona en un lugar público que no para de mirarte fijamente y que te habla de forma aparentemente irrespetuosa. Te das cuenta de que se trata de una persona que tiene una discapacidad mental e inmediatamente le das normalidad, porque entiendes que esa persona no es consciente de que está haciendo algo inadecuado. Pues de forma similar has de ver a las personas que tristemente recurren a la violencia de forma habitual para resolver conflictos, ya que no son conscientes de lo que hacen, ni tampoco de que por cada golpe que dan, la vida se lo devuelve con más fuerza. Así funciona el karma, y nadie está exento de ello. Seguramente, muchas de estas personas se han criado en un entorno en el que la violencia es algo habitual y la han tenido que sufrir en primera persona, por lo que ni siquiera son conscientes de que existe otra manera de coexistir con los demás.

Uno de los problemas de la sociedad actual es que, debido a diferentes circunstancias, muchas de las personas caminan por la vida con la guardia subida, como si estuvieran en un estado de tensión permanente. Y esto lo que origina es que, casi sin darse cuenta, se les pueda escapar un directo que irá a parar a cualquiera que se cruce en su camino. Esta otra persona, en función de su estado personal, es probable que:

Lo devuelva (karma instantáneo y malestar para ambos).

Encaje el golpe y se marche con el consiguiente daño emocional (que volverá al agresor a su debido momento; karma no instantáneo).

La persona ve venir el golpe, lo esquiva y, una de dos; sigue su camino sin sorprenderse demasiado, conocedor de que hay gente con ese nivel evolutivo, o se toma la molestia de hacerle ver a esa persona por qué se ha equivocado a la hora de lanzar ese ataque (seguramente dependiendo del aprecio que sienta por ella).

Yo lo tengo claro: prefiero formar parte del tercer grupo.

Todo acto de violencia física o verbal solo atrae más de lo mismo. Recuerda que un simple insulto puede ser y ha sido el detonante de muchos hechos dramáticos de los cuales los hombres hemos sido responsables, de actos que vistos con perspectiva no nos diferencian mucho de animales irracionales (de los que provenimos), ya que, se miren por donde se miren, no tienen lógica.

¿Recuerdas?

Principio n° 17

La violencia física o verbal nunca es una opción. Demostrar este nivel de evolución es lo mejor que podemos hacer por la humanidad.

18

Conviértete en pastelero

¿Alguna vez te has preguntado por qué hay personas con las que casi todo el mundo se lleva bien y que parece que no tienen ni un solo enemigo?

Recuerdo que cuando jugaba al fútbol de adolescente, en casi todos los partidos había algún encontronazo. Siempre, en todos los equipos, había jugadores que eran más agresivos que el resto y raro era el partido que de principio a fin transcurría con total deportividad, sin que hubiera algún tipo de bronca con cierto nivel de violencia (por desgracia, muchas de estas, incitadas por los mismos padres desde la grada). Sin embargo, recuerdo que había una excepción a esto. Había un jugador de nuestro equipo que nunca tenía altercados con nadie. De hecho, parecía ganarse el respeto y la simpatía de la mayoría de los rivales durante un periodo tan corto como eran los noventa minutos que duraba un partido.

A mí, en aquel entonces, eso me sorprendía, me parecía como si aquel chico tuviera superpoderes. Qué asombro me causaba ver como hasta los jugadores más agresivos del equipo contrario se solían mostrar agradables con él y solo con él. Por entonces, aquello me parecía todo un misterio.

No fue hasta pasados muchos años cuando descubrí que ese superpoder estaba al alcance de mi mano también, y de la de todo el mundo. Es cierto que yo intuía que si esto sucedía partiendo él de cero como el resto de nosotros, no había motivo aparente por el cual los demás no pudiéramos obtener los mismos resultados si hubiéramos llegado a entender qué era lo que él hacía de forma diferente.

Pero la realidad es que no fue hasta pasados quince años, cuando vino a parar a mis manos un libro titulado *Como ganar amigos e influir sobre las personas*, escrito por Dale Carnegie y publicado en 1936, que pude empezar a entender por qué algunas personas causan ese efecto en la gente y otras no.

Este es un libro que recomiendo mucho a cualquiera que quiera entender la psicología de las relaciones humanas y que desee mejorar sus relaciones sociales y la interacción con las personas de su alrededor.

Voy a mencionar algunos de los principios que se comentan en este libro que según mi experiencia funcionan y que han aportado muchos beneficios a mi vida.

El mas básico es el de llamar a las personas por su nombre. La realidad es que no hay sonido más dulce para una persona que su propio nombre. No sé por qué, pero es así. Y hoy en día, que conocemos a tantas personas y que tenemos tantas cosas en la cabeza, parece que ya no nos tomamos la molestia ni de aprendernos los nombres de la gente con la que interactuamos.

Empieza a llamar a la gente por su nombre. Anótalos, moléstate en aprenderlos y memorizarlos y verás como se sorprenden y como la relación con esa persona se vuelve más familiar y mejor.

En muchísimos casos, estoy seguro de que si piensas que le caes mal a una persona, esa persona piensa lo mismo pero a la inversa, que a ti te cae mal ella. ¿Te suena la frase «¡Pero si pensaba que yo te caía mal a ti!»? Esto es lo que yo llamaría un cóctel de inseguridades.

Por eso, cuando se te ofrece la oportunidad de tener una primera interacción con una persona, aprovecha ese momento para dejar claro no solo que vas en son de paz, sino que te cae bien y que no tienes nada en contra de ella. Esto lo puedes lograr llamándola por su nombre, presentándote con una sonrisa, dandole los buenos días o las buenas tardes, mostrándote educado y respetuoso, reconociendo algo que te parezca meritorio que sepas que haya hecho, interesándote por su ocupación o alguno de sus intereses, diciéndole que te gusta una prenda que lleva puesta o un complemento, alabando cualquier cosa de su personalidad, etc.

Sea lo que sea, que sirva para que quede claro que sientes simpatía por ella y no lo contrario. Y esto no es falsedad, porque la mayoría de las personas son buenas y tienen cosas buenas si llegas a conocerlas bien. El problema es que muchas veces empezamos la relación conociendo su otra cara o que partimos con prejuicios.

Por supuesto, si en esa primera interacción ha habido un motivo de conflicto, empieza con una disculpa sincera, aunque parezca que está de más.

¿Te has parado a pensar alguna vez de dónde proviene el saludarnos dándonos la mano? Esta costumbre es tan antigua que nos cuesta encontrar sus orígenes con exactitud, pero podemos hallar indicios desde antes de Cristo. La teoría más extendida es que su propósito era demostrar a la otra persona que venias desarmado y en son de paz. ¿Te das cuenta de la importancia de comenzar cualquier interacción con otra persona aclarando que nuestras intenciones son buenas?

Hoy en día la mayoría de las personas desconoce el significado de ese saludo, con lo que ha perdido parte de la efectividad que tenía en el pasado, así que tenemos que complementarlo con algo más para evidenciar que somos amigos y no enemigos.

Escuchar atentamente a la otra persona y mostrar interés por lo que está transmitiendo es algo que parece muy obvio, pero que poca gente hace bien. Presta atención sincera a lo que la otra persona tiene que decir y preocúpate por saber cómo se siente y qué le pasa. Son pocas las personas que saben escuchar de verdad y empatizar con la gente, y esto es algo que se da tan poco que no pasa inadvertido para nadie.

Volviendo al caso con el que comencé el capítulo, ese compañero de mi equipo de fútbol, se ganaba la simpatía de todos porque antes incluso de que supieras quien era, ya él había interactuado contigo de forma amistosa con un saludo acompañado de una sonrisa o algún comentario despreocupado con el que lograba mostrarse agradable contigo. Y la verdad es que es casi imposible que nos mostremos desagradables con alguien que nos demuestra que le gustamos o caemos bien.

Resumiendo: la gente normalmente suele actuar a la defensiva, por sus propias inseguridades, pero si tú les demuestras que vienes en son de paz, que sientes aprecio por ellos, los llamas por su nombre y reconoces y alabas sus méritos siempre que puedas, te ganarás un aprecio real y sincero porque nadie desea tener enemigos ni malos rollos. Actuar de esa forma no solo hará que estés contribu-

Querida Helena: Con el tiempo aprendí...

yendo a un mundo mejor, sino que te diferenciará de la mayoría de la gente y será como si cada vez que alguien te vea sintiera que se acaba de topar con el repostero que siempre le regala un sabroso y dulce bocado de su mejor pastel.

¿Repartes vinagre o azúcar?

Principio nº 18

Llama a las personas por su nombre y demuéstrales un aprecio sincero. Ganarás amigos en lugar de enemigos.

111

19

Tú eliges

¿Sabías que cuando interactúas con una persona solo hay dos maneras de hacerlo? Una en la que te muestras agradable con ella y otra en la que no.

Mucha gente piensa que se puede tratar a la gente de forma normal o neutra, y no es así. Si no te estás mostrando agradable con una persona, es que no lo estás siendo. Y, por lo tanto, no solo no estarás contribuyendo a hacer de este un mundo mejor, sino que tienes más posibilidades de que esa persona te trate de la misma forma que tú la estás tratando a ella.

No suena muy atractivo, ¿verdad?

Pues no, no lo es. Has de intentar transmitir buena energía a las personas con las que interactúas en tu día a día. Harás que se sientan mejor, contribuirás a que sean más felices, tú te sentirás mejor y el karma te pagará con la misma moneda. Además, el hecho de comportarte de esa manera hará que vibres con buena energía y la buena energía solo puede atraer cosas buenas, por lo que tu día irá mejor.

A partir de ahora, cada vez que vayas a interactuar con una persona recuerda esto: no hay forma neutra de tratar a la gente, o te muestras sinceramente agradable con alguien o no. Después de cada interacción, fíjate si te has mostrado agradable con esa persona o no lo has sido. Poco a poco ve intentando que cada una de estas interacciones sea positiva y observa como tu vida cambia y se llena de alegría.

¿Traes sol o traes lluvia?

Principio nº 19

Cuando tratas con una persona solo puedes hacerlo de dos formas: una en la que eres agradable con ella y otra en la que no lo eres. No existe una neutra. Elige siempre la primera.

20

Activador de minas

«Si vas a hablar de alguien y no vas a alabar, cállate».

Recuerdo haber leído esa frase en un libro religioso hace muchos años. Me pareció que tenía todo el sentido del mundo. A fin de cuentas,

¿qué beneficio puede traer hablar mal de una persona?

Ninguno.

Sin embargo, ¿por qué tanta gente lo hace? De hecho, a veces parece como si fuera el deporte nacional, en el que la mayoría parecen profesionales.

Las personas hablan mal de otras personas porque, durante un breve periodo de tiempo, les reporta cierto placer, el placer que se siente cuando ves que otra persona es peor que tú en algún aspecto o ha hecho algo mal que tú no has hecho (aún). Dejas a la otra persona por debajo de ti. Además, al compartir eso con alguien más, sientes que también le estás proporcionando placer a ese tercero y que eso te hace quedar bien (o eso crees).

De lo que en ese momento no te estás dando cuenta es de que el mero hecho de criticar ya te está bajando a ti al mismo nivel de la persona a quien estás criticando, o a uno inferior. Además, acabas de activar una mina que lleva tu nombre y que puede explotarte en el momento que menos lo esperes. Y esto es así porque, por mucho que confíes en la persona a la que le acabas de contar el chisme, podría algún día hacerle llegar a la otra persona la crítica que has hecho, por medio de ella misma o de un tercero.

La gente suele ser tremendamente mala a la hora de guardar secretos. Y si ni tan siquiera se lo has contado en confidencialidad, es que eres una persona a la que no le importa ir ganando enemigos, lo que sería aun más preocupante.

Hay más motivos por los cuales evitar decir cosas negativas sobre la gente. Uno de ellos es que te convierte en una persona de no fiar. A fin de cuentas, si me estás criticando hoy a la vecina del quinto, quién me asegura que mañana no sea yo el objetivo de tus críticas.

Además, ya sabes que el karma siempre está ahí…

Las personas que más critican son las personas más inseguras, que sienten que necesitan hacerlo para dejar mal a los demás para así ellos «escalar puestos» en ese supuesto ranking virtual de quién es mejor que quién, pero no por sus méritos propios, sino a costa de intentar restar puntos a los demás:

Si los demás son peores, yo soy menos malo.

Sin embargo, exactamente todo lo contrario les ocurre a las personas que suelen hablar bien de la gente. Estas demuestran seguridad en sí mismas, transmiten confianza, nos parecen buenas personas y, en lugar de ir activando minas explosivas, van sembrando semillas que algún día les pueden llegar a aportar cosas muy positivas en el momento que menos se lo esperen.

¿Quemar o sembrar?

Principio nº 20

Si vas a hablar de alguien y no vas a decir algo bueno, mejor no lo hagas. Pero si tienes la oportunidad de alabar a esa persona, no dejes de hacerlo.

21

Felicidad compartida

De la misma manera que hay personas que creen que por criticar a los demás van a parecer mejores, hay muchas otras que no son capaces de alegrarse de las cosas buenas que les pasan a otros y les nace la **envidia**.

Este es un instinto muy primitivo contra el que hay que luchar.

Parece que el ser humano nace con una mentalidad de escasez. Pensamos que si esa persona está ganando mucho dinero o teniendo éxito, habrá menos para mí. Y esto es equivocado. Ni el dinero ni el éxito se van a acabar y te van a dejar sin nada. El planeta está inundado de oportunidades y de dinero en manos de personas que están deseando que les ofrezcas un producto o servicio que les guste o les ayude para comprarlo.

Otro motivo por el cual la gente suele sentir envidia es porque no se creen que sean capaces ellos también de lograr tener éxito en sus propios objetivos. Y cuando sientes envidia por el éxito ajeno, ese es el mensaje que le estás enviando a tu subconsciente, el de que tú no eres capaz de lograr lo mismo. Estás teniendo una creencia limitadora.

Ciertamente, si se pasan más tiempo teniendo celos de aquellos a quienes les va bien que el que dedican a trabajar para hacer realidad sus sueños, lo más seguro es que tengan razón. Desde luego es más fácil criticar al que ha logrado lo que a ti también te gustaría tener que dedicar a ello el tiempo y el esfuerzo que esa persona ha invertido en lograrlo.

Por el contrario, si decides alegrarte por el éxito de otras personas, las conozcas o no, y si eres capaz de cambiar ese sentimiento de envidia por alegría sincera, estarás invirtiendo la situación, ya que el mensaje que le estás enviando a tu subconsciente es el opuesto. Te estás poniendo en la piel de otro y estás pudiendo sentir la alegría que experimentarías tú si estuvieras en su lugar. Y, como ya hemos visto, a acciones diferentes, reacciones y resultados diferentes.

Eso te permite empatizar con esa persona, que esa alegría tuya sea más sincera, y te estás enviando el mensaje de que te alegras, no solo por ella sino por ti mismo, ya que gracias a esa persona estás pudiendo experimentar lo que algún día tú también podrías lograr si así te lo propones. Te estás diciendo no solo que es posible, sino que sabes que algún día serás tú quien lo esté celebrando.

Concentra tus energías en interesarte en saber qué es lo que ha hecho esa persona para llegar ahí en lugar de envidiarla. Demuestra admiración sincera por sus logros y agradece el hecho de que te esté demostrando que es posible llegar a ese lugar. Quién sabe, tal vez incluso pueda convertirse en tu mentor o inspirarte para encontrar uno.

El éxito es inagotable.

Principio nº 21

Alégrate por el éxito de los demás en lugar de envidiar. Si lo
haces así, tú serás el siguiente.

22

¿Comparaciones?

El ser humano necesita establecer comparaciones para poder valorar las cosas. Es algo natural que está en nuestro comportamiento más básico.

Es la manera que tenemos de entender ciertas cosas. Diremos que una persona es alta si hay muchas otras que son más bajas, que es rica si hay muchas otras que poseen menos dinero que esta y que un jugador es bueno si sus actuaciones en general son mejores que las de sus compañeros.

Hacer esto es de lo más natural, pero debemos tener en cuenta que no hacer un uso correcto de esta práctica podría resultarnos perjudicial.

Cuando se trata de valorarnos a nosotros mismos, no debemos compararnos con otras personas, ya que cada una es única y parte desde puntos y circunstancias diferentes.

El hecho de observar que alguien haga algo mejor que tú no debe ser causa de desmotivación, ni te debe crear malas emociones. Cada persona tiene su proceso y ha recorrido su camino. Si así lo deseas, utiliza a esa persona como referencia de lo que te gustaría lograr, pero no te obsesiones con el hecho de compararte con ella; en lugar de eso, **compárate contigo mismo.**

La única persona a la que le debes rendir cuentas y con la que te debe interesar compararte es con tu yo de ayer.

Estoy seguro de que si hay algo en lo que deseas mejorar y le pones esfuerzo y dedicación, los resultados irán llegando y es en ese momento en el que no debes fijarte en esa otra persona que está en un punto más avanzado que tú, sino que debes compararte con tu yo de ayer y reconocer los avances que has ido realizando y sentirte orgulloso de ellos. Esto te ayudará a mantener la motivación necesaria para seguir avanzando y llegar algún día al nivel que deseabas.

Si, por el contrario, hay algo que te has propuesto y pasado un tiempo miras atrás y te das cuenta de que no has avanzado debes preguntarte por qué e introducir cambios que te permitan obtener resultados diferentes.

La única competición justa es aquella en la que compites contigo mismo.

Principio n° 22

Compárate solo con tu yo de ayer.

23

Amplifica tus sentidos

Si te dijera que hay una manera de que empieces a ver cosas increíbles que antes no eras capaz de ver, de que empieces a sentir sensaciones que antes no percibías y de que nuevas experiencias maravillosas empiecen a presentarse en tu vida

¿te parecería interesante?

Si la respuesta es sí, sigue leyendo, porque te voy a desvelar la fórmula maestra para que toda esta magia entre en tu vida.

Esta es muy sencilla, y se explica con una sola palabra: **gratitud**.

Practicar la gratitud es muy fácil de llevar a cabo; sin embargo, el poder transformador que tiene en tu vida es inmenso.

¿Demasiado bueno para ser cierto?

Simplemente haz esta prueba durante unos días.

Dedica unos minutos, cada mañana al despertar y cada noche

antes de quedarte dormido, a decirte las cosas por las que te sientes agradecido.

Puede haber días en los que estés más bajo de ánimos y sientas que te cuesta más encontrar motivos que nazcan de forma sincera, pero si haces el esfuerzo, siempre encontrarás alguno incluso esos días en los que estás más desanimado.

Puedes sentirte agradecido por tener salud, por un amanecer o una puesta de sol, por la lluvia, el sol, por comenzar un nuevo día, por la naturaleza, la familia, una amistad, la comida, una experiencia vivida, una conversación, una ilusión, por tener un techo donde dormir, un trabajo, tu mascota, un deporte o hobby...

Algo increíble sucede cuando empiezas a adquirir este hábito con el tiempo. Empezarás a darte cuenta de que comienzas a percibir las cosas de forma diferente, que ves belleza en cosas y lugares donde antes no la veías. Además, tu manera de percibir esto será distinta, más intensa, y aumentará la frecuencia con la que se suceden estos descubrimientos.

Cada vez que seas consciente de este hecho, aprovecha para poner en práctica de nuevo el agradecimiento por lo que está sucediendo, ya que de esta manera el poder de la gratitud se retroalimenta y entrarás en una espiral ascendente de cosas y sensaciones maravillosas que se presentarán en tu día a día de forma constante.

Tu olfato se agudizará, tu tacto empezará a sentir cosas que antes no sentía, verás belleza donde antes no la veías, escucharás sonidos de la naturaleza que antes no oías, disfrutarás de las comidas más intensamente. Empezarán a suceder cosas que antes no sucedían y recibirás más de aquello por lo que te estás mostrando agradecido, ya sea dinero, amor, salud, experiencias, sensaciones, bien estar, felicidad...

Cuando te muestras agradecido con la vida, la vida te devuelve esa gratitud con más y mejores cosas de las muchas que tiene para ofrecernos. Porque...

¿Para qué regalar más diamantes a alguien que no los puede ver?

¿Listo para la magia?

Principio nº 23

Practica la gratitud a diario y disfruta del espectáculo.

24

El genio de la lámpara mágica

Y si te dijera que, al igual que en la historia de Aladino y la lámpara maravillosa, tú también puedes pedir no tres deseos sino tantos como quieras y que estos se harán realidad,

¿creerías que es cierto?

Pues espero que así sea, porque, como dijo el exitoso empresario americano Henry Ford:

«Tanto si piensas que puedes, como si piensas que no, estás en lo cierto».

En este capítulo voy a tratar sobre un principio que descubrí después de leer un libro que me cambió la vida por completo. Se llama *El Secreto*, fue escrito por Rhonda Byrne y trata sobre **la ley de la atracción**.

129

Este libro causó un impacto en mí como ninguna otra cosa lo había hecho hasta entonces. Conforme lo leía, iba reconociendo sus enseñanzas en situaciones y hechos que me habían ido sucediendo a lo largo de la vida. Cada capítulo tenía todo el sentido del mundo. Era como si, conforme avanzaba en su lectura, se fueran iluminando estancias dentro de mi persona, conocimientos que habían estado ahí siempre pero que tenía olvidados o que estaban a oscuras y, por lo tanto, a los que no podía acceder hasta que de alguna manera se hiciera luz sobre ellos.

A partir de ahí, empecé a poner en práctica los principios que aparecían en el libro y la transformación dio comienzo.

Es difícil poder cuantificar cuánto pudo haber mejorado mi vida a partir de ese momento, pero créeme cuando te digo que supuso un antes y un después.

La ley de la atracción consiste en el principio de que atraes a tu vida lo que piensas. Si son cosas malas, estas se presentarán y si son buenas, también. Así de simple y así de poderoso.

Si buscas una explicación científica a esto que estoy diciendo, la física cuántica te la dará. Uno de los principios de la física cuántica consiste en que todo lo que nos rodea es energía, y que esta se puede transformar con nuestros pensamientos, al igual que todo el universo se encuentra conectado entre sí.

Hay un documental muy famoso, titulado *¿Y tú que sabes?*, que trata sobre esto, además del ya mencionado libro *El secreto*.

Atraes a tu vida eso en lo que te centras, piensas y transmites. Si estás enfadado, atraerás a personas enfadadas, si piensas en violencia, atraerás violencia, si piensas en enfermedades, atraerás enfermedades, si estás alegre, atraerás a personas alegres, si piensas en prosperidad, atraerás prosperidad, si piensas en amor, atraerás amor...

A todos nos ha pasado que cuando tenemos un mal día parece que todo lo que nos sucede es malo y que, por el contrario cuando tenemos un buen día parece que todo lo que nos sucede es bueno. La explicación a esto se llama ley de la atracción. Y tú puedes hacer que esta trabaje para ti eligiendo tus pensamientos y a qué clase de cosas decides prestar atención.

Te voy a poner un ejemplo: imagina que te despiertas todos los días escuchando las noticias y estas, como sabemos, son casi en su totalidad malas (deberían de llamarlas «malas noticias» en lugar de noticias). Tu subconsciente se va cargando de negatividad, tus pensamientos inevitablemente se irán tiñendo de negatividad y, finalmente, tu propia energía y la vibración que transmites también serán negativas, por lo que eso es lo que atraerás a tu vida.

¿Que pasaría si en lugar de haber despertado con las «malas noticias» hubieras puesto, por ejemplo, una selección de tus canciones favoritas o un podcast de alguien a quien admires y que te inspire o motive o uno de humor? ¿Crees que tu energía sería la misma? No, no lo sería. Y, en consecuencia, lo que atraerías a tu vida tampoco lo sería.

¿Piensas que puedes lograr algo? Lo lograrás. ¿Piensas que no? No lo lograrás. Créeme: **funciona**. No solo porque soy testigo de ello, sino porque conozco a muchísimas otras personas que también lo han experimentado.

Existen incontables personajes famosos de gran éxito que han afirmado públicamente haber aplicado este principio en sus vidas para lograr sus objetivos. Aquí van algunos ejemplos, pero son tantas las personas que lo utilizan y que dan fe de sus beneficios que esto solo representa lo que un grano de arena a toda una playa: Jim Carrey, Will Smith, Oprah Winfrey, Jay Z, Denzel Washington, Lady Gaga, Conor McGregor, Arnold Schwarzenegger, Kanye West, P. Diddy, Cristiano Ronaldo, Andrew Carnegie...

Sin embargo, habrá personas que lo hayan intentado aplicar sin éxito, y en la mayoría de los casos esto se debe a la impaciencia y la falta de constancia. Lo intentan unos días y como ven que no sucede nada rápidamente, lo dejan. El ser humano es impaciente por naturaleza y lo quiere todo para ayer; sin embargo las cosas no funcionan siempre así. Incluso algo tan potente como la ley de la atracción requiere de su tiempo.

Si deseas algo con pasión, tienes fe y aplicas este principio, lograrás hacer realidad cualquier cosa que te propongas. El universo proveerá. Escribe las cosas que deseas que se hagan realidad en presente como si ya lo fueran. Visualízate habiendo logrado ese objetivo. Pronuncia afirmaciones en voz alta repitiendo eso que quieres lograr como si ya se hubiera hecho realidad. Siéntelo y créetelo. Repite este proceso varias veces al día, sé paciente y constante. Algunas cosas sucederán en cuestión de minutos, horas o días, otras llevarán semanas o meses y algunas requerirán años, pero habrá merecido la pena, sin lugar a dudas.

Si un objetivo es muy grande (un gran sueño) —llamémoslo macrobjetivo—, vamos a dividirlo en objetivos más pequeñitos pero que te acerquen a lograr esa meta final. Así que piensa y crea microbjetivos que te acerquen al macrobjetivo. Cada vez que alcances un microbjetivo, reforzarás tu confianza en el proceso y eso te ayudará a no desviarte del camino correcto en dirección a tu sueño.

Selecciona bien los pensamientos y la información que entran en tu mente y asegúrate de que todos ellos estén en consonancia con tus objetivos. Rodéate de personas que compartan tu visión, lee y escucha cosas que te motiven a seguir en tu camino. No subestimes el poder negativo que tiene el permitir prestarles atención a personas o informaciones contrarias a lo que quieres lograr. Recuerda que:

Tanto si piensas que puedes, como si piensas que no, estás en lo cierto.

¿Frotamos la lámpara?

Principio nº 24

La ley de la atracción. Creamos y atraemos a nuestra vida aquello en lo que pensamos. Visualiza y crea.

25

Altas vibraciones

En la vida, muchas veces viene bien pararse a reflexionar qué es lo que realmente nos gusta hacer, cuáles son nuestras **pasiones,** qué objetivos deseamos plantearnos.

Y no siempre es fácil hallar respuesta a estas preguntas. Por eso voy a proponerte un ejercicio muy sencillo que yo he practicado y que aprendí leyendo un libro titulado *Descubre el secreto,* escrito por Janet Bray y Chris Attwood.

El ejercicio lo llamaron el test de la pasión, y esta es una versión resumida y mía propia de este. Hagamos un pequeño ejercicio.

Cierra los ojos e imagina cómo sería tu vida ideal. Escribe las cosas o situaciones que tenías o vivías en esa vida en la que había alegría, pasión y plenitud.

Ahora haz una lista con un mínimo de diez (no hay máximo) de estas «pasiones» que existían en esa vida ideal. Una vez que hayas hecho esa lista, vas a irte a la primera pasión y la vas a contrastar

135

con la segunda pasión que hayas escrito, y vas a decidir que si solo pudieras quedarte con una de las dos, cuál sería.

Una vez que hayas elegido con cuál quedarte, vas a compararla con la tercera de la lista. Y, de nuevo, la ganadora de las dos será comparada con las siguientes de la lista.

De esta manera obtendrás la pasión número uno, esa que ha ganado entre todas las demás pasiones.

Después vas a hacer lo mismo con la siguiente pasión de la lista que aún no hayas elegido, por lo que obtendrás tu segunda pasión. Y así hasta quedarte con cinco pasiones.

El resultado de este ejercicio debe ayudarte a conocerte un poco mejor y a saber en qué debes centrar en este momento tus acciones, que a su vez te permitirán llegar a hacer realidad esa vida ideal que has visualizado.

Repite este ejercicio con cierta frecuencia, ya que esta lista de tus cinco pasiones es muy probable que vaya cambiando con el tiempo, conforme se vayan haciendo realidad o quieras añadir otras nuevas.

No te desanimes si en un momento dado no eres capaz de visualizar esa vida con claridad. Repite el ejercicio cada cierto tiempo y verás como poco a poco irás añadiendo pasiones a tu lista.

Céntrate en recordar esas cosas que te hacen sentir bien, que al pensarlas te hacen ilusión y te motivan, que te hacen sonreír, que te apasionan y que te hacen vibrar en tu interior.

Pasa a limpio esas cinco pasiones, escríbelas en una cartulina y tenlas a mano. Léelas varias veces al día. Al despertar, al acostarte, durante el día. Repítelas como si fueran un mantra, visualiza y siente que ya las has logrado.

A partir de este momento, basa tus decisiones importantes en estas cinco pasiones. Piensa en si lo que hiciste ayer, has hecho hoy o harás mañana te está acercando a hacer realidad alguna de ellas. Si la respuesta es no, cámbialo.

Destino, la luz.

Principio n° 25

Identifica tus pasiones y hazlas realidad.

26

Mañana es hoy

Ahora que tenemos identificados nuestros sueños y pasiones, y que sabemos que los vamos a lograr,

¿por dónde empezamos?

Pues por el principio, sea cual sea. Pero empieza ya. Cuanto antes empieces a poner la primera piedra de tu castillo, antes lo acabarás. Sí, es probable que algún muro te quede mal y que tengas que tirarlo y volver a construirlo, pero eso es parte del proceso. De cualquiera de las maneras, siempre terminarás más tarde si no comienzas hoy. A veces no hace falta tener claro desde el primer momento cómo vas a realizar ciertas cosas, porque las irás aprendiendo por el camino.

«No esperes. El momento nunca será el adecuado. Empieza donde estés ahora, trabaja con lo que tengas a tu disposición y encontrarás mejores herramientas a medida que sigas adelante».

Napoleon Hill

Es válido el ejemplo del coche que comienza un viaje en medio de la noche desde el punto A hasta el punto B, que puede encontrarse a cientos de kilómetros de distancia. Al comenzar el viaje, el conductor solo es capaz de ver esos pocos metros que las luces del coche alcanzan a iluminar por delante del vehículo, pero esos metros, conforme vas avanzando, son suficientes para llegar a tu destino.

Cuando decidí escribir este libro no sabía cómo lo iba a hacer. No sabía cómo estructurarlo, ni todo el contenido que iba a tener ni mucho menos cómo poder llegar a publicarlo. Pero aun así, una vez tomada la decisión, me propuse dedicarle un ratito cada mañana y poco a poco todas esas cuestiones que en aquel entonces aún desconocía fueron viendo luz y el resultado lo tienes ante ti.

En muchas ocasiones dejamos de empezar cosas que nos gustaría hacer porque pensamos que ya es demasiado tarde. Pensamos y sentimos que ya no merece la pena y esa es una gran equivocación. Recuerdo sentir exactamente eso cuando tenía diecinueve años y me di cuenta de que estaba equivocado con mi actitud.

¡Imagina qué locura! Nunca es tarde para empezar a aprender ese nuevo idioma, a estudiar esa carrera, a emprender ese viaje, a aprender a tocar ese instrumento, a empezar a ahorrar e invertir, a cambiar o mejorar ese aspecto de tu persona...

Además, te voy a dar otro motivo por el cual nunca es tarde para comenzar eso que siempre quisiste llevar a cabo, independientemente de la edad que tengas. Esta es una opinión muy personal pero en la que creo firmemente y es que esos conocimientos que adquieres en esta vida te los llevas contigo a la siguiente, al igual que la persona que eres a día de hoy es, en buena medida, el resultado de las experiencias adquiridas en tus vidas pasadas.

¿O acaso nunca has conocido a un joven con una madurez impropia de su edad y, por el contrario, a un adulto que no es capaz de darse cuenta de cosas que algunos niños sí? Son almas con diferentes estados evolutivos.

Sé que en esta vida ya no tengo la oportunidad de ser futbolista profesional, cosa que me habría encantado. Sentía que no contaba con el talento necesario para ello, y cuando era niño pensaba que ese era un requisito indispensable y casi que el único, por lo que nunca tuve esperanzas. Sin embargo, después de lo aprendido en el transcurso de esta vida, ahora veo las cosas de forma distinta. Creo que tener un talento natural destacado no es un requisito fundamental y que hay otras cualidades y caminos que te pueden hacer llegar a tu objetivo. Por lo que me hace feliz pensar que tal vez en mi próxima vida, ese sueño se pueda hacer realidad. Así que hoy sigo jugando, disfrutando y aprendiendo de este deporte. Estoy entrenando para mi yo del mañana.

¿Arrancamos?

Principio nº 26

Comienza hoy a construir el futuro que quieres para mañana.

27

Dulce fracaso

«He fallado una y otra vez en mi vida, y por eso he tenido éxito».

Michael Jordan

No se me ocurre una frase mejor para describir el secreto del éxito en cualquier cosa que te propongas.

Normalmente la gente tiene miedo a comenzar proyectos por miedo a fracasar. Y, sin embargo, no debería de ser así, porque por cada fracaso estás un paso más cerca del éxito.

No digo que comiences algo con la intención de fracasar. Siempre vas a dar lo mejor de ti, pero si no tienes éxito en esa ocasión, siéntete orgulloso de haberlo intentado y sé consciente de que estás en el camino correcto, porque el aprendizaje que la experiencia te habrá reportado no se paga con dinero y te estará acercando al éxito que te propones.

Si hay algo que se repite en muchos de los libros que he leído, escritos por personas de reconocido éxito, es lo mucho que se insiste en la importancia de intentarlo, de pasar a la acción y tratar esos fracasos como algo natural y parte del proceso.

Piensa que, casi con total seguridad, cuando te embarcas en un nuevo proyecto, sea cual sea, vas a cometer errores. Es natural. Pero cuanto antes los cometas, antes aprenderás de ellos y podrás encontrar las soluciones que harán que sigas avanzando.

Piensa en el ejemplo de cuando practicas el tiro a canasta jugando al baloncesto. Puede que falles en tu primer intento de encestar, y que en el segundo también, pero cada vez te irás acercando más, hasta que al final encestas.

Con la consecución de tus objetivos sucede exactamente lo mismo. Con cada lanzamiento a canasta, estarás uno más cerca de conseguirlo.

« Es imposible tener una moneda de una sola cara. No puedes tener cara sin tener cruz. La innovación es así. La iniciativa también. Y el arte. No puedes tener éxito si no estás preparado para el fracaso »

Seth Godin

Si no estás fracasando en algo cada cierto tiempo, es que no estás saliendo de tu zona de confort y que, por lo tanto, no estás creciendo. Y hoy en día, en un mundo que se mueve tan rápido, si no estás creciendo significa que estás decreciendo.

« Fail early, fail often, fail forward ».
Will Smith

«Fracasa pronto, fracasa a menudo, fracasa y sigue adelante». Esta frase está sacada de un vídeo de Will Smith que puedes encontrar en YouTube y en el que habla de la importancia del fracaso y del papel que tiene esto en lograr el éxito.

La gente de éxito logra triunfar porque fracasa mucho. Eso les permite aprender de sus errores y volver a intentarlo de nuevo pero con ese valioso aprendizaje ya de su lado. Para lograr tener más éxito que los demás debes de fracasar más que los demás.

En nuestra cultura se tiende a ver el fracaso como algo malo; sin embargo, en la cultura americana, en la que tan acostumbrados están a emprender, se entiende como algo totalmente natural y necesario. Es como para un boxeador el encajar algún que otro puñetazo: sería poco realista pretender llegar a convertirte en campeón del mundo sin recibir ningún golpe por el camino o que un bebé pudiera llegar a aprender a caminar sin caerse más de una vez en el intento.

Con esto no te digo que te tires a la piscina con los ojos cerrados, sino más bien lo contrario. Qué lo intentes, que lo intentes de forma controlada, sabiendo que puedes equivocarte pero que una vez hayas obtenido el aprendizaje seas capaz de utilizarlo de forma constructiva.

Puede sonar raro el hecho de que te diga que falles, que falles mucho, que falles a menudo... Pero esta es realmente la llave del crecimiento. Nuestros padres y personas cercanas nos suelen prevenir e incluso atemorizar sobre los riesgos que implica realizar determinadas acciones y esto puede llegar a paralizarnos.

Lo mejor que podemos hacer por nuestros seres queridos cuando nos transmitan que tienen la intención de comenzar un nuevo proyecto es apoyarlos y escucharlos. Apoyarlos de cerca si quieres, aportar tu punto de vista y tus conocimientos de forma constructiva a su proyecto, pero no frenarlos, no convertirnos en un obstáculo. Y, por supuesto, si el resultado no fuera el deseado, lo peor que podrías hacer es decirle la típica frase de «te lo dije». Mejor todo lo contrario, alentarle a volver a intentarlo. Ayudarle a levantarse y comenzar de nuevo. Una y otra vez, hasta lograr el éxito en eso que un día nació como un sueño pero que la valentía, la perseverancia y la constancia lo hicieron convertirse en una realidad.

Si, por el contrario, te burlas o ridiculizas a alguien por intentarlo y fracasar, un día serás tú quien se sienta en ridículo cuando veas que la otra persona logra su objetivo.

Recuerdo de niño en la escuela que una profesora nos preguntó qué queríamos ser de mayores. Yo respondí que piloto de aerolínea. Al finalizar la clase, un compañero que era de los que mejores notas solía sacar se me acercó, riéndose con tono burlón, y me dijo: «Tú nunca llegarás a ser piloto de aerolínea». Yo sabía que él estaba equivocado pero... ¿Sabes qué? Pues que estaba equivocado solo a medias, porque en cierto modo, el Fran de aquel entonces que se esforzaba lo justito es muy probable que nunca hubiera logrado un puesto de tal responsabilidad. Pero con lo que mi compañero no contaba es que estaba tan decidido a lograr mi objetivo que no me iba a importar fracasar el número de veces que hiciera falta (como así fue), que lo iba a seguir intentando y que en el proceso me iba a transformar en la persona por la que sí habrías apostado a que lograría dicho objetivo (obtuve la segunda mejor nota de mi promoción en mi primer empleo en una aerolínea).

Si últimamente no estás fracasando pero las cosas te están yendo como tú quieres, perfecto. Pero si no estás fracasando y no estás donde quieres estar, ya sabes el motivo. Te diría, incluso, que si estás en el primero de los casos, no te relajes, porque como ya hemos visto, si no estás creciendo estás decreciendo y es muy difícil crecer sin fracasos.

Fracasa mucho.

Principio nº 27

No temas al fracaso; se transformará en éxito. Fracasa a menudo.

28

Zoom In

¿Quieres saber cómo tener muchas más posibilidades de alcanzar el éxito en tus objetivos?

La respuesta es sencilla: **enfoque**

Muchísima gente se propone metas, como las típicas que nos ponemos en fin de año: este año que entra voy a dejar de fumar, a ir al gimnasio, a preparar unas oposiciones, a comer saludable y a...

Una lista interminable. La intención es buena, pero la estrategia tal vez no.

Sea cual sea el objetivo que te propongas, vas a tener muchas más posibilidades de lograrlo cuanto más te centres en él. Si son varios a la vez, la energía se divide, por lo que pierdes fuerza.

Es preferible que te centres en uno y darle el cien por cien de tu atención, y una vez lo hayas logrado, pasar al siguiente, a que intentes acometer varios de forma simultánea. Porque podrás ir realizando todos los objetivos que te propongas, pero no todos al mismo tiempo.

Has de saber que las discusiones, los nervios, los problemas y en general cualquier distracción o cosa que tengas en la cabeza funcionan como disipadores de energía. Intenta, en la medida de lo posible, que haya tranquilidad en tu vida para que no se produzcan fugas de energía y que ese enfoque sea lo más potente posible.

No hay que subestimar ninguna de estas iniciativas ni quitarles valor, sino todo lo contrario. Ese objetivo tan típico de «voy a empezar a ir a al gimnasio y a ponerme en forma», que tan acostumbrados estamos a escuchar, puede transformar la vida de una persona. Puede hacer que esta recupere su salud, su confianza, que la ayude a encontrar pareja, que tenga una vida más feliz y que viva más años para disfrutarla.

Decidir reducir o abandonar el consumo de alcohol, dejar de fumar, comer de forma más saludable, dedicar un momento del día a meditar, madrugar, leer o formarte… Todas son metas que pueden causar un importante impacto en tu vida y que tienen la capacidad de transformarla.

Toda meta o todo sueño que tengas en mente merece ser valorado y tratado con la importancia que tiene. O sea, mucha. Así que el primer paso que tienes que dar es el de tomártelo muy en serio y adquirir un compromiso total con la causa.

Para ayudarte a lograr esto, busca toda la información que puedas sobre la empresa que quieres acometer, háblalo con personas que tengan el mismo objetivo o que hayan pasado por donde quieres pasar tú, lee y participa en foros de internet si lo consideras adecuado.

Adquiere la motivación necesaria viendo vídeos o entrevistas a personas que ya están donde tú quieres estar o simplemente que te inspiren. Haz la tarea de visualizarte habiendo logrado ese objetivo, pon toda tu energía en esa visualización.

Has de ser como una lupa. Si intentas quemar un papel solamente con el calor del sol, no lo lograrás porque su radiación está muy dispersa, pero si utilizas una lupa para concentrar una mayor cantidad de luz en un punto fijo, el papel arderá. De la misma manera funciona el enfoque en tus objetivos. Tú eres la lupa, ahora tienes que enfocar toda tu energía en ese sueño que quieres alcanzar y lo harás realidad.

El gran gurú y motivador americano Tony Robbins dice en su libro *Despertando al gigante interior* que las personas necesitan en muchas ocaciones tocar fondo para realizar un cambio profundo. Ese momento en el que el sufrimiento que te causa ver la situación en la que estás supera a la pereza que te daba realizar el esfuerzo necesario para hacer eso que sabías que tenías que hacer pero que estabas posponiendo indefinidamente.

Si este es tu caso, si te has mirado en el espejo y has dicho «Hasta aquí hemos llegado», ¡adelante! Lánzate al cambio. Pero si todavía no has llegado a ese punto, aunque eres consciente de que estás en ese camino descendente que no te lleva a ningún sitio bueno, no esperes hasta tocar fondo para realizar los cambios que te llevarán a una vida mejor y más plena. Sí, se puede conseguir. Créeme.

Energía + Enfoque = Éxito.

Principio nº 28

Utiliza el enfoque para lograr tus objetivos.

29

¿Aliado o enemigo?

Te voy a presentar a alguien a quien quieres tener de tu lado, pero a quien muchas personas, sin darse cuenta, lo convierten en enemigo. Estoy hablando del **tiempo.**

El factor tiempo puede ser decisivo a la hora de que logres una meta o un objetivo determinados.

Este puede ser nuestro mejor aliado a la hora de lograrlo. O podría ser nuestro enemigo. En muchos casos, el que sea de una manera o de otra depende de nosotros mismos.

Es cierto que en algunas ocasiones contamos con un tiempo limitado para lograr ciertas cosas. Pero para la gran mayoría contamos con el suficiente de este preciado recurso.

¿Qué puede hacer que el tiempo pase de ser nuestro aliado a convertirse en nuestro enemigo?

La impaciencia.

La impaciencia es la culpable de que muchísimas personas no hagan realidad sus sueños. Porque la paciencia es una valiosa cualidad que no mucha gente posee.

Tony Robbins dice algo así como:

«El ser humano sobrevalora lo que puede lograr en un año e infravalora lo que puede lograr en cinco».

Nos ponemos muchísimos objetivos que en algunos casos no es realista lograr en un año (o, por lo menos, no todos a la vez, porque acabaríamos con un desgaste que no justificaría su consecución) y, al no haberlos cumplido, nos desmotivamos. Sin embargo, no somos capaces de imaginarnos lo que podemos llegar a lograr en un periodo de cinco a diez años si empezáramos ya.

Tal vez cinco o diez años te parezcan un plazo muy largo (dependiendo de la edad que tengas, porque los que ya tenemos unos añitos sabemos que estos pasan muy rápido), pero van a pasar igualmente, y si no comienzas ahora a poner la primera piedra de tu castillo, cuando haya pasado ese tiempo no estará ahí para ti y tendrás cinco o diez años menos para construirlo.

En muchas ocasiones nos proponemos cosas, nos ilusionamos, nos motivamos y empezamos a emprender las acciones para que esto se haga realidad. Pero si no vemos resultados rápidamente o si nos topamos con obstáculos, nos frustramos, nos enfadamos y abandonamos. Nos ponemos ansiosos porque nos gustaría tener ya ese premio u objetivo que nos hemos propuesto. Pero las cosas no siempre funcionan así.

En muchas ocasiones estamos llevando a cabo las acciones correctas, pero es simplemente cuestión de tiempo el que los resultados empiecen a materializarse.

Imagina una persona que quiere plantar determinado cereal. Ara la tierra de forma correcta, abona y planta las semillas como debe. Pero la planta no crece. Sigue repitiendo el proceso durante meses sin resultado. Se impacienta y decide darlo por perdido.

Resulta que el esfuerzo que hacía era el correcto, pero estaba plantando las semillas en la época del año equivocada. Unos meses más y las semillas hubieran germinado y habría logrado así su objetivo. Era solo cuestión de tiempo...

En muchas ocasiones queremos algo con intensidad y lo queremos para ya. Y cuando esto no sucede, nos desesperamos y abandonamos.

Somos impacientes y esta impaciencia es capaz transformar en nuestro enemigo lo que puede ser en muchísimas ocasiones nuestro mejor aliado y punto fuerte.

En lugar de desesperarte cuando no sucede algo que quieres que ocurra, utiliza el tiempo a tu favor. Deja que este haga el trabajo por ti. Porque muchas veces no es cuestión de que estés haciendo las cosas mal, sino de que se tenían que dar una serie de circunstancias para que pudiera ser posible o que tenía que llegar a ti una información o un recurso determinados.

La impaciencia ha hecho que se tiren por tierra grandes proyectos y sueños. La paciencia ha logrado lo contrario. Y, si no, que se lo pregunten a Thomas Edison, con sus más de mil intentos en su búsqueda de inventar la bombilla.

¿Qué pasaría si cada día aprendieras un 1 % sobre algo, si ahorraras

un simple euro, si descubrieras una nueva palabra o si dieras un pequeño paso en la dirección en la que se encuentra tu objetivo? Pues que el
factor tiempo estaría jugando a tu favor y que, casi sin esfuerzo, cuando
miraras atrás te darías cuenta de que te encuentras a mucha distancia de
tu punto de partida.

En lugar de ver al tiempo como un enemigo, aprende a verlo como
un aliado que te va a dar la oportunidad de que se terminen por realizar
tus objetivos. Esto te dará tranquilidad y te ayudará con las metas que
te propongas.

Trabaja la paciencia y conviértela en una fortaleza.

Tu gran aliada.

Principio nº 29

Sé paciente y convierte el tiempo en tu aliado.

30

¿Atajos al éxito?

Recuerdo que, al terminar mis estudios de piloto, se me dio la oportunidad de hacer el curso para ser instructor de vuelo a cambio de un importe ya abonado que originalmente era para realizar horas de vuelo en un avión más avanzado; pero resultó que el avión se había dañado al haberse adentrado unos compañeros en una tormenta que supuestamente no reflejó el radar meteorológico de la aeronave.

Por un lado tenía la opción de recibir la cantidad de dinero de vuelta y dar por finalizados mis estudios, por otro la de realizar el curso, prolongar mi etapa de formación y salir de allí con una doble titulación, la de piloto de aerolínea y la de instructor de vuelo, con el consiguiente beneficio para mi curriculum.

La verdad es que en aquel entonces no me seducía la idea de trabajar de instructor de vuelo, y mucho menos la de tener que salirme de mi zona de confort y ponerme delante de una clase entera de nuevos alumnos. A todo eso había que sumarle las ganas que tenía de regresar a mi tierra. Así que…

¿Cuál crees que fue la opción que elegí…?

Me encantaría poder decir que la última. Pero no, fue la primera. La fácil. Mientras que algunos de mis compañeros se decantaron por la de hacer el curso de instructor (la minoría) yo me desmarqué, hice las maletas y cogí el primer avión rumbo a mi casa. O, lo que era lo mismo, rumbo al paro, ya que justo al finalizar mis estudios nos tocó vivir la crisis que se generó en el sector de la aviación tras los atentados de las torres gemelas del 11 de septiembre.

Fueron años difíciles para el sector y, después de mucho buscar y no encontrar, me tocó hacer las maletas y marchar a un país extranjero en busca de más suerte. En este país, y después de mucho esfuerzo y persistencia, encontré esa suerte que buscaba, pero no sin antes pagar el precio que había intentado ahorrarme al finalizar mis estudios de piloto. Sí, tuve que hacer el curso de instructor de vuelo, pero esta vez de forma simultánea a mi trabajo a tiempo completo en otra cosa (por lo que me costó mucho más tiempo terminarlo), en un idioma que no era mi legua materna, ante unos examinadores con unos niveles de exigencia muy superiores y, además, pagarlo entonces de mi bolsillo con el dinero que generaba en mi otro trabajo.

Se me presentaron dos opciones, intenté coger el atajo y años después aprendí que los atajos al éxito no existen.

La vida nos pone en este tipo de situaciones constantemente, y la mayoría de las personas van a intentar llegar del punto A al punto B por ese posible atajo.

«No hay atajos para conseguir el éxito. Empieza antes, trabaja más duro, y termina más tarde».

Brian Tracy

Existe una explicación sobre por qué muchas veces tanta gente actúa de esa manera.

Nuestro cerebro se divide en tres partes o cerebros, cada cual con una función diferente. A esto se lo conoce como cerebro triúnico. Se compone del sistema límbico, el neocórtex y el reptiliano.

El sistema límbico es el responsable de las emociones, la memoria y las relaciones sociales. El neocórtex, del pensamiento avanzado, el lenguaje y el razonamiento, entre otros. Y el reptiliano controla el comportamiento y el pensamiento más primitivo e instintivo para sobrevivir.

Es este último el responsable de que busquemos esos atajos. Se encarga de cosas tan básicas como que nuestro corazón lata y que realicemos el acto de respirar de forma automática. Su principal función es la de mantenernos vivos, y por eso va a intentar siempre que gastemos la menor cantidad de energía posible, con lo que es él quien se nos presenta en forma de angelito malo diciéndonos que cojamos el dinero y volvamos a casa o que nos quedemos en el sofá comiéndonos un helado de chocolate. Y es el neocórtex, el angelito bueno, el que te dice que levantes el trasero y que vayas al gym o hagas ese curso de instructor para estar más preparado y tener más garantías de futuro.

Entonces...

¿No tenemos esta clase de comportamientos porque seamos

unos vagos?

La respuesta es no, sino que es algo natural que queramos quedarnos echados en el sofá, ya que está en nuestros genes. Nuestro cerebro más primitivo nos lo pide, porque eso es lo que era necesario cientos y miles de años atrás para sobrevivir. Gastar el menor número de calorías posible, ya que la comida no abundaba y era preferible reservar esas energías y utilizarlas para ir a cazar o defendernos de un ataque. Y es entonces cuando la parte de nuestro cerebro llamada neocórtex (la racional) entra en escena.

Es el responsable de recordarnos que en estos nuevos tiempos que corren es más importante para nosotros hacer el esfuerzo de realizar ese curso de instructor, pese al esfuerzo extra que nos supone, que ahorrarnos esa energía, ya que nos ayudará en la consecución de nuestro objetivo.

Por esto también la mayoría de la gente se mantiene en la media. Hacen lo mínimo necesario para intentar no estar por debajo de los demás y tampoco hacen ese esfuerzo extra que se precisa para sobresalir.

Lo que la mayoría de la gente no sabe es que ese esfuerzo extra que te permitirá destacar y dominar un área no es tan grande como se piensan, precisamente porque la mayoría de las personas hacen solo lo mínimo, lo justo y necesario, ni un poco más. Y, sin embargo, si decides llevarlo a cabo, los beneficios para tu persona serán muchísimos. No solo aumentará la confianza en ti mismo, sino que te abrirá muchas puertas, serán muchas más las victorias que los fracasos que te toquen vivir y serás consciente de que las cosas que *a priori* parecen inalcanzables tal vez no lo son tanto.

Cosas como ese entrenamiento extra que haces por tu cuenta todos los días, ese tema que has empezado a mirar por adelantado o esa información adicional que has buscado sobre un área especifica son ejemplos de cosas que pueden marcar la diferencia.

«Sin entrenamiento, no existe el conocimiento. Sin conocimiento, no existe la confianza. Sin confianza, la victoria no existe».

Cayo Julio César

Hace muchos años, escuché un audio de un conferenciante, cuyo nombre no recuerdo, en el que explicaba de forma metafórica por qué algunas personas logran sus objetivos profesionales y otras no. Llamemos a esta historia:

El rascacielos de la vida

Imagina que nuestra vida transcurriera dentro de un gran rascacielos de muchas plantas y que cada planta estuviese dividida en dos salas. Una de las salas está compuesta por una gran biblioteca con todo tipo de material de lectura e información, donde poder formarnos y aprender sobre todo aquello que deseemos. Y la otra, por todo tipo de artículos de ocio, como juegos, televisiones, redes sociales, consolas, fiestas y todo tipo de distracciones. La primera sala la vamos a llamar la sala de estudio y la segunda, la sala del ocio.

Tenemos libertad para elegir el tiempo que deseamos pasar en una sala u otra, pero solo en la sala de estudio, se encuentra un ascensor cuyas puertas se abren cada cierto tiempo y le formula una pregunta a la persona que, habiéndose percatado, se haya situado rápida y astutamente ante estas. Si responde correctamente, puede entrar al ascensor y subir a la siguiente planta. Si, por el contrario, yerra la respuesta, no se le permite acceder al ascensor y permanece en la misma planta.

Los que logran responder a la pregunta de forma correcta y ascienden a la planta superior se encuentran una sala de estudio más sofisticada que la anterior, con más material para formación y mayores comodidades para llevarla a cabo. Por otro lado, la sala de ocio de esta nueva planta también dispone de mayores lujos y mejores y más diversas posibilidades de ocio y distracción.

Igual que en la anterior sala de estudio, en esta el ascensor también abre sus puertas cada cierto tiempo para formular una pregunta de mayor dificultad que la de la planta del nivel inferior a la persona que ahí se encuentre, permitiéndole la oportunidad de subir al siguiente piso, donde siempre habrá una sala de estudio mejor y más sofisticada, a la vez que la oferta de ocio y lujos también aumentarán en la misma proporción.

Ascienden a un nivel superior aquellas personas que dedican el tiempo suficiente a estudiar y a distribuir su tiempo de forma correcta entre la sala de ocio y la sala de estudio y que tienen la perspicacia de aprovechar la oportunidad de ponerse delante del ascensor cuando este abre sus puertas y responder de forma correcta a la pregunta. Mientras que los que están en la sala de ocio, los que no han estudiado lo suficiente y yerran la respuesta o los que no tienen la astucia o ambición de presentarse delante de las puertas cuando estas se abren pierden su oportunidad y permanecen en la misma planta.

* * * * * * *

La realidad es que esta es una manera de explicar por qué algunas personas alcanzan el éxito profesional y otras no. En cierto modo, la vida es como ese gran rascacielos: muchas personas se pasan gran parte del tiempo en la sala de ocio, preguntándose por qué otros están en plantas superiores y ellos no. A algunos otros les falta la valentía o la ambición de presentarse delante del ascensor cuando hay que hacerlo y hay otros que, conforme van subiendo plantas, se van acomodando y olvidan cuál era su objetivo inicial, resignándose a una vida que no esta mal pero que no es la que ellos querían.

Haz hoy lo que otros no están dispuestos a hacer para que puedas hacer mañana lo que otros no pueden.

Hacer y ofrecer un poco más de lo que se espera de ti no es tan difícil como se puede pensar, o desde luego no lo es en comparación con los beneficios que aportará a tu vida.

¿Reptiliano o neocórtex?

Principio nº 30

Los atajos al éxito no existen. Haz ese pequeño esfuerzo de más que te permitirá sobresalir de la media y observa el cambio.

31

El Fantasma de la ópera

Imagina que finalmente reúnes el valor y la determinación para comenzar ese proyecto que hacía tanto tiempo que tenías en mente o ese nuevo hábito que tantos beneficios va a generar a tu vida a medio y largo plazo.

Comienzas a llevarlo a cabo, parece que incluso estás empezando a tener éxito y se apodera de ti una extraña sensación de nerviosismo que te hace sentirte raro, que se podría confundir con esa que sentimos cuando estamos haciendo algo malo. Puede ser una sensación nuestra propia o su detonante podría haber sido algo que nos ha dicho alguien, tanto unas palabras desmotivadoras como algún comentario que nos haga sentir diferentes o como un bicho raro por estar haciendo eso nuevo que no hacen los demás. Nos asustamos y pausamos o abandonamos aquello que acabábamos de comenzar y que tantos beneficios iba a aportar a nuestra vida.

¿Te suena de algo?

La realidad es que esto sucede con mucha frecuencia y también tiene una explicación científica muy interesante que yo descubrí gracias a la lectura de uno de mis libros favoritos, *El club de las 5 de la mañana,* de Robin Sharma. En él nos explica que a nuestro cerebro primitivo (el reptiliano, del que ya hemos hablado) no le gustan los cambios y lo que quiere es que nos mantengamos seguros. Cuando estamos logrando nuestros objetivos y grandes cosas o estamos a punto de hacerlo, o sea, cuando estamos saliendo de nuestra zona de confort, esta parte del cerebro hace que se genere **cortisol**, la hormona del estrés y del miedo, y es en ese momento cuando nos empezamos a sentir tan raros, a cuestionar lo que estamos haciendo y, en cierto modo, a sabotear aquello que nuestra parte del cerebro racional (el neocórtex) sabe que deberíamos hacer porque es el camino para lograr los objetivos que nos hemos propuesto.

Hay que aprender a distinguir entre esa sensación que podemos percibir cuando estamos haciendo algo mal, incorrecto o poco ético, de esta otra, que se le parece mucho pero cuyas consecuencias son totalmente contrarias. La primera es un aviso de que si seguimos por ahí podemos meternos en problemas o que estaremos haciendo algo inmoral, y la segunda es la señal de que vamos en la dirección correcta, que estamos creciendo y ampliando nuestra zona de confort.

Esta información es muy poderosa, porque te va a permitir tirar de la sábana y desenmascarar a ese fantasma que no quiere dejarte prosperar ni que logres tus objetivos.

Cada vez que vuelvas a plantearte o a comenzar un nuevo proyecto u objetivo, y te entre ese miedo o inseguridad, pregúntate:

¿Estoy haciendo algo que rompe con mis principios o valores?

Si la respuesta es no, ya sabes que era el fantasma en acción y puedes seguir por ese camino con la tranquilidad de que estás haciendo lo correcto.

«Mantente alejado de aquellas personas que tratan de menospreciar tus ambiciones. Las personas pequeñas siempre lo hacen, pero los verdaderamente grandes te hacen sentir que tú también puedes ser grande».

Mark Twain

¿Cortamos los grilletes?

Principio nº 31

Sé capaz de romper con la resistencia que te vas a encontrar cada vez que vayas a salir de tu zona de confort y llevar a cabo algo que te va a hacer crecer y acercarte a tus objetivos.

32

Sigue tu brújula

En el capítulo anterior hemos mencionado que cuando tengas esa sensación de miedo mientras estás realizando algo que te hace salir de tu zona de confort, te preguntes si lo que estás haciendo rompe con tus principios o valores. Si la respuesta es no, despréndete de esas inseguridades y continúa con lo que tu mente racional te dice que deberías de hacer.

Voy a explicar a que mé refiero cuando hablo de principios y valores, algo que considero que debe formar parte de los pilares de una persona.

La vida en muchas ocasiones te pone a prueba. Constantemente tenemos oportunidades de actuar de una manera o de otra ante cosas que suceden y, dependiendo de cómo actuemos, obtendremos unos resultados u otros (acción-reacción). Por eso es muy importante que desde muy pronto tengamos integrado en nuestro sistema una serie de valores y principios por los que regirnos y en los que basar las decisiones que tomamos en la vida y en nuestro día a día.

Cuando hablamos de principios y valores, pregunto:

¿Existe un principio básico más importante en la vida que el de **ser buena persona**?

Desde luego, para mí no. No me importa si cuando haya fallecido la gente no me recuerda por haber logrado algo destacable a nivel profesional, deportivo, personal o financiero.

Pero lo que sí sería una gran tristeza y fracaso para mí, sería ser recordado como una mala persona. Y, por el contrario, lo que sí sería un éxito sería que mis seres queridos y en general las personas que tuvieron la oportunidad de conocerme consideraran que fui buena persona.

¿Y qué significa ser una buena persona?

Entiendo que la definición es muy amplia y que puede variar en significado para una persona u otra, pero en mi caso considero que hay una serie de características personales y conductas que abarcan en gran medida lo que esto significa, que son: sinceridad, generosidad, amabilidad, humildad, honestidad, lealtad, sentido de la justicia (no confundir con creerse justiciero), altruismo, ser agradable, ayudar, rechazar la violencia de cualquier tipo y, en general no hacer nada de forma consciente que pueda causar daños o perjuicio a otro ser humano.

Considero que es importante ser una persona de palabra, de fiar, y nunca dejar deudas impagadas a nadie. Que un acuerdo verbal por tu parte sea tan fiable como uno firmado ante notario. Cumplir con tu palabra, aunque te suponga un perjuicio.

Tener tan integrados y claros esos valores que, cuando la vida te ponga a prueba, deje de hacerlo porque se dé cuenta de que contigo está perdiendo el tiempo. Encontrarte una cartera por la calle con dinero, que se equivoquen al cobrarte, pagar a un proveedor despistado, etc. son ejemplos de cosas que no deberían robarte ni un minuto de tu tiempo para tomar la decisión correcta: ir a llevar la cartera a la policía con todo su dinero, corregir a la persona que se ha equivocado al cobrarte de menos o pagarle al proveedor despistado lo que es suyo.

En lo que se refiere a la toma de ciertas decisiones, también debemos tener unos principios sólidos relacionados con nuestras finanzas que nos ayuden a decidir en qué proyectos invertir y en qué condiciones.

Siempre has de preguntarte si vas a poder cumplir en el tiempo con esas obligaciones financieras que estás adquiriendo si, poniéndote en el peor de los casos, las cosas no salen como esperabas. ¿Podrás cumplir y te compensa el riesgo? Pues adelante.

La próxima vez que estés pensando en comenzar algo y te surja ese miedo, reflexiona sobre si estás faltando a tus valores o si estás rompiendo con alguno de tus principios o podrías llegar a hacerlo. Esto te ayudará a sistematizar tu toma de decisiones y, como dijimos en el capítulo anterior, a poder desenmascarar al fantasma y seguir adelante con tu iniciativa con confianza.

Confía en tu brújula.

Principio nº 32

Ten unos valores bien definidos y basados en ser ante todo buena persona, y utiliza ese filtro a la hora de tomar tus decisiones.

33

¿Un granito o una montaña?

Si pudiera montarme en una máquina del tiempo y viajar al pasado, una de las cosas que haría sería decirle al Fran más joven que adquiriera consciencia y conocimientos financieros lo antes posible. Al terminar este capítulo, entenderás por qué.

Creo que no fue hasta que llegó a mis manos el libro de Robert Kiyosaki *Padre rico, padre pobre* cuando empecé a darme cuenta de la importancia de las finanzas y, sobre todo, de lo fundamental que es educarse financieramente hablando, para no terminar en la pobreza o pasando apuros económicos, con la implicación que eso tendría en nuestra calidad de vida.

Si realmente quieres empezar a profundizar en este tema, te recomiendo que leas su libro o varios de sus libros, ya que ha publicado muchos y todos son realmente fáciles de leer y muy interesantes.

¡Cuánto me hubiera gustado haberlos leído durante mi adolescencia! Pero la realidad es que nunca es tarde.

En este capítulo voy a transmitirte lo que para mí son los principios más importantes y básicos acerca de la educación financiera:

* Principio número uno y el más importante de todos: **nunca gastes todo lo que ganas**. Suena muy lógico, ¿verdad? Pues al parecer no lo es tanto. A la vista está que muchísima gente no solo no lleva a cabo esta regla, sino que además gasta más de lo que tiene, haciendo uso de créditos al consumo y tarjetas de crédito.

¿Has oído hablar alguna vez de la ley de Parkinson?

Parkinson fue un señor británico que realizó un estudio científico en el que pudo comprobar que los gastos de las personas tienden a aumentar hasta cubrir la totalidad de sus ingresos, por altos que sean los ingresos de esa persona y sin importar el número de veces que estos aumenten en el tiempo.

Esta ley fue publicada en 1957 y hoy sigue estando más vigente que nunca.

Como hemos visto, el primer principio es bastante básico: consiste en que, tengas la edad que tengas y por joven que seas, si ganas diez no gastes diez u once. Si ganas diez, gasta nueve u ocho y guarda el resto en un lugar bien seguro (luego hablaremos sobre qué hacer con él). Si eres capaz de hacer esto de forma constante, ya estarás en mejor posición que la mayoría de la población y habrás comenzado tu camino hacia la tranquilidad financiera.

Un pequeño truco para que esto te sea más fácil puede ser programarte una orden directa de transferencia a algún plan de ahorro o cuenta del que puedas disponer en cualquier momento si así lo necesitas. De ese modo, tan pronto como te entran los ingresos, esta cantidad que has asignado para ahorro desaparece de tu vista lo antes posible y será como si nunca la hubieras recibido. A partir de ese momento, ese dinero **ya no te pertenece** y pasa a formar parte de tu yo del mañana.

Esto es lo que muchos gurús financieros llaman **pagarte a ti primero**. Es muy importante que, independientemente de la cantidad de dinero que ganes, generes este hábito y destines una cantidad a hacer crecer tu patrimonio. Gastarte dinero en ir a comer a un restaurante no es pagarte a ti primero, es pagar al dueño del restaurante. Irte de viaje tampoco es pagarte a ti primero, es pagar a los propietarios de las aerolíneas, hoteles, alquileres de coches, etc. Entender este concepto de lo que significa pagarte a ti primero es la base para prosperar económicamente.

Destinar un 10 % de tus ingresos a esta partida es una buena cifra, aunque dependiendo de tus circunstancias tal vez desees aumentar este porcentaje o comenzar con una cantidad inferior.

La clave es crear el hábito lo antes posible, por pequeña que sea la cantidad, y aspirar a ir aumentándola.

«La riqueza, como el árbol, nace de una semilla. La primera moneda que ahorres será la semilla que hará crecer el árbol de tu riqueza. Cuanto antes plantes tu semilla, antes crecerá el árbol. Cuanto más fielmente riegues y abones tu árbol, antes te refrescarás satisfecho bajo su sombra».

George S. Clason

* Una vez que esa cantidad que vamos separando vaya creciendo, tendremos que darle un uso provechoso. Una cantidad mínima se quedará a buen recaudo a modo de **fondos de emergencia**. El famoso colchón. Este colchón es muy importante, porque te da tranquilidad y además te podría sacar de algún aprieto en un momento dado. La cantidad que sería ideal alcanzar en esta partida de ahorro depende de la seguridad que te proporciona tu fuente de ingresos, de lo predecible que sea y de cuáles son tus gastos fijos. No es lo mismo si eres funcionario y sabes que tu nómina está asegurada que si eres autónomo o si trabajas por cuenta ajena en una empresa, que se puede ir a la quiebra o que en un momento dado puede prescindir de ti si necesita reducir personal. Este colchón de la tranquilidad también te servirá para imprevistos tales como que se te rompa la nevera, una reparación de coche inesperada, un tratamiento médico, etc. Digamos que el importe de este colchón podría ser una cantidad que te permita cubrir tus gastos fijos si dejaras de percibir ingresos durante un periodo de **entre tres a doce meses**, dependiendo, como hemos dicho, de tu situación en particular.

Una vez que hayas alcanzado esa cantidad, el excedente de dinero que vayas acumulando has de ponerlo a trabajar para ti. Dicho en otras palabras, que te haga ganar más dinero. Esto se logra **invirtiéndolo**. Hay muchísimas maneras de invertir el dinero, pero el principio fundamental es que esa inversión te genere un retorno. ¿Cuál es la mejor inversión? Pues la que genera la mayor cantidad de beneficios con el menor riesgo posible. Ejemplos de inversiones: cualquier tipo de negocio que te genere un beneficio, acciones de empresas con potencial de crecimiento o dividendos (bolsa), inversiones en propiedades inmobiliarias (bienes raíces), criptomonedas, materias primas (oro, plata, petróleo…), etc. Valoraremos cada inversión por el porcentaje de beneficio que nos reporte en función del capital invertido.

Por ejemplo, si hubiéramos comprado una acción de Apple en el año 2016 a un precio de cien euros y cuatro años más tarde la hubiéramos vendido a los cuatrocientos euros que valía en esos momentos, esa inversión nos habría generado un beneficio bruto de un 400 % en esos cuatro años. Si, por el contrario, hubiéramos comprado una acción de Google (o Alphabet, como se denomina a la multinacional a la que pertenece Google) en 2016 a un precio de 750 euros y la hubiéramos vendido cuatro años más tarde al precio de 1500 euros, habríamos obtenido un retorno sobre la inversión del 100% en cuatro años, lo que también está muy bien.

> *«La diferencia entre el rico y el pobre es esta: el rico invierte su dinero y gasta lo que queda. El pobre gasta su dinero e invierte lo que queda».*
>
> *Robert Kiyosaki*

Hay que distinguir entre los **ingresos pasivos** y los ingresos que no lo son. Los ingresos pasivos son mucho más interesantes, porque son los que no requieren de tu presencia física para que se generen. Estos pueden ser los beneficios que obtienes todos los meses por la renta del alquiler de una propiedad que poseas, los dividendos de acciones, los beneficios que te genera un negocio que no requiere de tu presencia para su funcionamiento, derechos de autor de libros, regalías, etc. Se dice que una persona ha alcanzado la **libertad financiera** cuando sus ingresos pasivos mensuales superan a sus gastos o cuando posee un capital ahorrado que cubre los gastos que tendrá durante el resto de su vida, por lo que ya no necesita trabajar para vivir si así lo desea.

« Es mejor trabajar unos años tratando de crear un activo que estar toda la vida creándolo para otro ».

Robert Kiyosaki

* Otro principio básico de la educación financiera, es saber distinguir entre lo que es un activo y lo que es un pasivo (no hay que confundir esto con ingresos pasivos e ingresos que no son pasivos, de los que hemos hablado en el punto anterior). Como dice Robert Kiyosaki, un activo es el que mete dinero en tu bolsillo y un pasivo es el que lo saca.

Ejemplos de activos: tu nómina, cualquier tipo de ingreso que recibas por tu trabajo, beneficios de tus negocios, rentas de alquileres que recibas, dividendos o ganancias en bolsa, etc.

Ejemplos de pasivos: los gastos que te generan tu coche o el pago de su cuota, la hipoteca de tu casa o el alquiler, seguros, facturas de luz, agua, subscripciones recurrentes (Netflix, Spotify…), préstamos y créditos, pagos de tarjetas de crédito, financiaciones, comidas en restaurantes, personal doméstico y cualquier otro gasto recurrente que tengas.

Lo ideal es tener el mayor número de activos que sea posible e intentar que tus pasivos, en proporción con tus activos, no sean muy elevados si no quieres ser un esclavo de ellos toda la vida.

«Si quieres ser rico, simplemente pasa tu vida adquiriendo activos. Si quieres ser pobre o clase media, pasa tu vida contrayendo obligaciones. No conocer la diferencia es la causa de la mayor parte de las dificultades financieras del mundo real».

Robert Kiyosaki

* Deuda buena y deuda mala. Saber distinguir entre la una y la otra es muy importante. La deuda buena es la que te ayuda a crear un activo (gracias a ella obtienes un beneficio). Y la deuda mala es la que se utiliza para adquirir un pasivo.

Ejemplos de deuda buena: una hipoteca para comprar una vivienda la cual me va a generar un beneficio después de haber pagado los gastos (hipoteca, comunidad, impuestos, etc.) o un crédito para hacer crecer más rápidamente un negocio que me está generando un beneficio sólido demostrado, etc.

Ejemplos de deuda mala: el pago a crédito de un televisor, una financiación de un coche más caro de lo debido y necesario, la hipoteca de una casa demasiado cara para tu uso propio, un préstamo para unas vacaciones, la financiación de un teléfono móvil, etc.

* Como dice Warren Buffett, uno de los mejores inversores de toda la historia:

*«Regla número uno sobre inversión: **no pierdas dinero**. Regla número dos, **nunca olvides la regla número uno**».*

Estoy seguro de que eso lo dice porque él mismo lo ha perdido muchas veces. Y seguramente tú también lo vas a perder alguna vez. No siempre todas tus inversiones te van a salir bien; y no pasa nada, porque aprenderás de esas experiencias, pero es importante estar prevenido.

Cuando tienes algo de dinero ahorrado, se te van a presentar muchas oportunidades de inversión y has de tener mucho cuidado, porque la mayoría de ellas pueden hacer que ese dinero que tanto te ha costado ahorrar no lo vuelvas a ver más. Ándate con mil ojos con las estafas piramidales, desconfía de propuestas de negocios con beneficios inusualmente altos y sé consciente de que algunas personas intentarán engañarte, pero que otras simplemente te están vendiendo un negocio en el que creen pero que está destinado al fracaso antes de que abra sus puertas. Además, algunas de las personas que te harán esas propuestas serán de tu confianza, como familiares o amigos, pero en la vida hay que saber decir **NO**.

Formas de perder tu dinero rápidamente hay muchísimas. Por el contrario, formas de ganarlo no es que no las haya, pero son mas difíciles de encontrar. Los retornos normalmente serán moderados pero suficientes para lograr nuestro objetivo de hacer crecer nuestro dinero. Estas hay que buscarlas de forma paciente y cuidadosa.

El interés compuesto. Aquí vamos a explicar la importancia de empezar a invertir nuestro dinero lo antes posible y los beneficios que nos aporta tanto seguir reinvirtiendo los beneficios como seguir haciendo aportaciones a nuestras inversiones. El interés compuesto consiste en el crecimiento exponencial que tu dinero experimenta con el tiempo al irse sumando a tu capital aportado los beneficios de los intereses percibidos que se suman año tras año a ese capital que has aportado, con el respectivo incremento en los beneficios obtenidos el siguiente año. Y así año tras año. Esto es lo que se denomina «efecto bola de nieve».

Vamos a poner un ejemplo sobre el rendimiento neto anual aproximado que ha generado desde su creación en 1957 uno de los indices más importantes de la bolsa americana, el S&P 500, que se basa en la capitalización bursátil de las quinientas empresas estadounidenses que cotizan en las bolsas NYSE (bolsa de New York) o NASDAQ (segunda bolsa mas importante de EEUU). Este índice ha generado un rendimiento **medio** neto superior al 10 % anual, rendimiento que supera a la mayoría de los fondos de inversión del mundo en ese mismo periodo. Este es un índice en el que cualquiera puede invertir a través de un broker o mediante aplicaciones como DeGiro o Interactive Brokers, que además tienen unas comisiones muy bajas.

Ahora vamos a poner diferentes escenarios en los que has empezado a invertir una cantidad mensual durante diferentes plazos de tiempo con un rendimiento medio anual como el que hemos visto que ha generado este índice desde sus orígenes (un 10 %). Aunque este mismo rendimiento lo podrías estar obteniendo de otra inversión, como un negocio, un inmueble, u otras acciones de empresas que cotizan en bolsa, etc.

—Ejemplo número 1: empiezas a invertir diez euros al mes durante cinco años. Al cabo de esos cinco años tendrás 780 euros, después de diez años, 2 065 euros, en veinte años, 7 656 euros, en treinta años, 22 793 euros, en cuarenta años, 63 767 euros, en cincuenta años, 174 687 euros, en sesenta* años, 474 952 euros. Solo habiendo invertido diez euros al mes y empezando desde cero.

* En sesenta años tendrías: 474 952 euros invirtiendo diez euros al mes y obteniendo un rendimiento anual del 10 %. Pero ¿cuánto habrías acumulado si simplemente hubieras ahorrado 10 euros al mes durante sesenta años al final de ese periodo y no los hubieras invertido, si simplemente los hubieras dejado en el banco o debajo del colchón? La operación es bien sencilla: 10 euros x 12 meses x 60 años = 7200 euros, frente a los 474 952 que obtendrías gracias a la inversión y al interés compuesto. Creo que este ejemplo muestra de forma muy clara la diferencia que existe entre ahorrar e invertir y el poder del interés compuesto.

—Ejemplo número 2: empiezas a invertir cien euros al mes durante cinco años. Al cabo de esos cinco años tendrás 7 808 euros, después de diez años, 20 655 euros, en veinte años, 76 569 euros, en treinta años, 227 932 euros, en cuarenta años, 637 678 euros, en cincuenta años, 1 746 876 euros, en sesenta años, 4 749 521 euros. ¡Solo invirtiendo cien euros al mes!

—Ejemplo numero 3: empiezas a invertir mil euros al mes durante cinco años. Al cabo de esos cinco años tendrás, 78 082 euros, después de diez años, 206 552 euros, en veinte años, 765 696 euros, en treinta años, 2 279 325 euros, en cuarenta años, 6 376 780 euros, en cincuenta años, 17 468 760 euros, en sesenta años, 47 495 212 euros.

Espero que estos ejemplos demuestren el valor de invertir una cantidad de tus ingresos de forma constante por pequeña que sea, lo antes posible. Puedes hacer tu mismo estas simulaciones en la web moneychimp.com (pestaña de calculadora) o utilizando cualquier otra herramienta en otras páginas que te permiten calcular interés compuesto.

También me gustaría apuntar que esta simulación está hecha obteniendo un rendimiento del 10 % anual sobre tu inversión, simplemente invirtiendo en un fondo de inversión (como los que ofrece Vanguard con bajas comisiones) que no requiere más esfuerzo que hacer un clic en el ordenador o en el teléfono móvil. Pero que se pueden obtener rendimientos por tu capital muy superiores a estos realizando inversiones acertadas en negocios, compra de acciones de una empresa especifica, etc. No son tan raras las inversiones que generan retornos del 50 %, 100 %, e incluso del 1000 %, utilizando técnicas de apalancamiento y sin ellas. Y si no que se lo pregunten a quien invirtió en Bitcoin hace años atrás, o en Amazon, Apple, Netflix, Google, Tesla, Facebook, Microsoft... Con lo que no necesariamente ha de llevarte el número de años que aparecen en los ejemplos de arriba alcanzar tu objetivo en particular. Pero recuerda: esta clase de retornos no son fáciles de conseguir, y pese a que es cierto que se pueden lograr si los buscas o generas de forma activa, te recuerdo que debes desconfiar si alguien te los ofrece mientras tú estás echado en el sofá de casa mientras ellos hacen el trabajo por ti.

Para que te puedas hacer una idea, ahora vamos a hacer unos cálculos similares a los de antes pero suponiendo que tus inversiones te están generando un 50 % de retorno anual. Algo que no es tan fácil pero tampoco imposible de lograr:

—Ejemplo numero 1: invirtiendo cien euros al mes durante, cinco años obtendríamos 26 451 euros, en diez años, 332 767 euros, en 15 años, 3 880 058 euros, en veinte años 44 959 340 euros...

—Ejemplo numero 2: invirtiendo mil euros al mes durante cinco años obtendríamos 264 511 euros, en diez años, 3 327 679 euros, en 15 años, 38 800 589 euros, en veinte años, 449 593 403 euros...

¿Y si contáramos ya con diez mil euros y los pusiéramos a trabajar con un rendimiento del 25 % anual, añadiendo cien euros al mes o mil euros al mes?

Añadiendo cien euros al mes, en cinco años tendrías 46 442 euros, en diez años, 172 016 euros, en 15 años, 604 718 euros, en veinte años, 2 095 724 euros, en treinta años, 24 937 005 euros...

Añadiendo mil euros al mes, en 5 años tendrías 154 302 euros, en diez años, 651 540 euros, en 15 años, 2 364 924 euros, en veinte años, 8 268 910 euros, en treinta años, 98 714 248 euros...

Estos ejemplos demuestran que prácticamente cualquier persona puede alcanzar la independencia financiera y convertirse en millonario si posee la determinación y la constancia necesarias.

Que llegues a alcanzar antes o después el objetivo que te hayas planteado solo dependerá de estos tres factores: 1) qué cantidad de dinero destinas mensual o anualmente a inversión, 2) durante cuánto tiempo y 3) el porcentaje de beneficio que logras obtener de forma anual sobre tu inversión.

Esta es la fórmula que la mayoría de los millonarios han utilizado para convertirse en millonarios y ahora la conoces tú.

En tus manos está decidir qué uso hacer de ella.

Separar una cantidad determinada para invertir todos los meses, por pequeña que parezca, no va a hacer que tu vida sea peor, y los años van a pasar igualmente. Depende de ti que cuando estos pasen te encuentres en una situación u otra muy diferente, y no debes pasar por alto que la calidad de vida que vayas a tener una vez te hayas jubilado dependerá en buena parte de esto, ¿o vas a dejarla en manos del estado...?

* Algo que es importante tener en cuenta, que aprendí gracias a la lectura del libro de Tony Robbins *Dinero: domina el juego,* es el hecho de ser muy cautos a la hora de elegir las condiciones y comisiones que vamos a contratar a la hora de invertir nuestro dinero con una entidad financiera, broker o fondo de inversión determinado, ya que el resultado de nuestra inversión pasados esos años puede diferir considerablemente. Y aquí les comparto un extracto del libro de Tony Robbins que nos sirve a modo de ejemplo:

«—Es muy sencillo, Tony. La mayoría de la gente no hace cuentas y las comisiones están ocultas. Un ejemplo: Si a los veinte años invertimos 10 000 dólares a un interés del siete por ciento anual, tendremos 547 646 cuando tengamos ochenta años. Pero si pagamos el 2,5 por ciento en concepto de gastos de gestión y otros, nuestro saldo final será solo de 140 274 dólares en el mismo periodo.

—A ver si lo entiendo bien: ¡¿nosotros ponemos todo el capital, asumimos todos los riesgos y al final obtenemos 140 274 dólares, pero después de haber pagado 439 190 dólares a un gestor activo?! ¿Se llevan el 77 por ciento de nuestras ganancias potenciales? ¿Por hacer qué?

- Exacto.»

(Fondos como Vanguard y Brokers como DeGiro se caracterizan por sus bajas comisiones.)

* Busca generar **múltiples fuentes de ingreso**. Intenta, en la medida de lo posible no depender nunca de una única fuente de ingresos. Hoy en día es más fácil que nunca poder crearte un negocio online, utilizar las redes sociales para vender productos de empresas que utilizan marketing múltinivel o marketing de red, rentas por inmuebles, ofrecer tus servicios de algo que sepas hacer, empezar una pequeña empresa o adquirir activos. Cuantas más fuentes de ingresos tengas mejor.

*Como dijo T. Harv Eker, autor del libro Los secretos de la mente millonaria:

«Si le dijeras a un amigo: "No eres importante", ¿crees que seguirá juntándose contigo? Pues no. Con el dinero funciona igual».

Deshazte de la creencia limitadora de que el dinero es malo, de que los ricos son malos, de que nunca vas a poder verte en una posición de prosperidad económica. Da igual desde qué posición partas, si algo nos ha demostrado la historia es que cualquier persona puede alcanzar el objetivo que se proponga, sea cual sea.

El dinero nos puede ayudar a salvar la vida de un ser querido en un momento dado ante una emergencia médica determinada, hacer ese viaje con nuestros hijos que tanto desean, ayudar a alguien que nos importa y que se encuentra en apuros o salvar la vida de una persona que se esté muriendo de hambre. El mero hecho de tener dinero no te va a dar la felicidad, pero te va a permitir hacer cosas que de no tenerlo no podrías.

¿Sabías que los problemas financieros son la principal causa de divorcio?

Generar dinero no es una meta, sino un medio para lograr nuestros objetivos.

Hay que ver el dinero como una fuente de energía vital, de tiempo, y de libertad.

El dinero compra energía vital tuya o de otra persona. Y esta energía vital que poseemos es limitada. Si la inviertes, por ejemplo, en limpiar toda tu casa, lavar, planchar y cocinar, además de dedicar ocho o diez horas a trabajar, tal vez después ya no te quede suficiente para jugar y disfrutar de tus hijos al llegar a casa, ni para poder dedicarte algo de tiempo. Sin embargo, si te puedes permitir contratar a alguien que te ayude con alguna de esas tareas o trabajar menos horas al día, sí.

El dinero compra tiempo, tiempo para disfrutar de las cosas que te hacen sentir bien, tiempo para pasar con tus seres queridos, tiempo para ir a los sitios que siempre has querido conocer o aprender ese idioma que siempre has deseado hablar.

El dinero compra libertad. Libertad para poder permitirte viajar a donde desees, vivir en el lugar que te guste, dedicarte a lo que deseas y con quien deseas, ayudar a las personas que quieres y liberarte de muchísimos problemas con los que nos encontramos en nuestro día a día y que pueden resolverse con el clic de una transferencia.

En lugar de ver el dinero como algo malo, has de verlo como una fuente de energía, tiempo y libertad. Y piensa que cuando estas trabajando por dinero, en realidad estás intercambiando tu tiempo, energía y libertad por este. Al igual que cuando compras algo que pagas con dinero, no es solo dinero de lo que te estás desprendiendo, sino que estás transfiriendo energía, tiempo y libertad a cambio de lo que sea que estás adquiriendo.

Piensa en ese dinero que tienes como si fueran huevos de gallina que te pueden dar pollitos pero que también te hacen falta para comer. Si te los comes todos, te quedarás sin ninguno y habrás perdido la oportunidad de haber tenido pollitos que en el futuro se hubieran convertido en gallinas, que habrían puesto más huevos, que a su vez habrías podido utilizar para comer y así seguir aumentando el número de gallinas que tienes, que a su vez pondrían mas huevos...

El poder de la hormiguita inversora

Principio n° 33

Adquiere consciencia financiera, ahorra e invierte.

34

Perfecta imperfección

El ser humano es inconformista por naturaleza. Queremos una cosa y cuando ya la tenemos queremos otra distinta. Está bien ser ambiciosos y no ponernos límites en cuanto a metas, sueños y objetivos, pero sin dejar de disfrutar del camino. De lo contrario, es muy probable que cuando logres llegar a la meta no haya merecido tanto la pena el esfuerzo por todo lo que te has ido perdiendo durante el proceso. Hay una frase que describe bien esto:

«La vida es lo que sucede mientras planeamos el futuro».

Esta frase proviene de la original dicha por el músico y cantante John Lennon, integrante de los Beatles, que dice así: «La vida es aquello que te va sucediendo mientras estás ocupado haciendo otros planes».

189

Es sumamente importante que logremos disfrutar al máximo cada día de nuestra vida y que no esperemos a lograr ningún objetivo para ser felices, sino que disfrutemos del proceso y del camino que nos está llevando hacia esa meta. El mero hecho de estar dando pequeños pasos en la dirección de nuestros sueños ya es motivo de alegría y celebración. Hay que tener en cuenta que ninguna meta por sí sola te va a dar la felicidad sino que la felicidad, es un estilo de vida.

Muchas veces nos sentimos impacientes y ansiosos por lograr nuestros objetivos y esto hace que no disfrutemos del camino. Hay una frase de Albert Einstein que me ayuda a recordar y reconocer que no tiene sentido desperdiciar ni un minuto de nuestra vida por algo que está por llegar y es esta:

«No pienso nunca en el futuro porque llega muy pronto».

Seamos conscientes de que lo único que tenemos y lo único que vamos a tener es el presente. Si nos pasamos la vida esperando ese futuro que tenemos idealizado para ser plenamente felices, no lo seremos nunca, porque en este sentido el futuro no existe ya que este se convierte en tu presente. Por lo tanto, acostumbra a disfrutar del presente, porque es lo único que tienes y lo único que tendrás. Solo tenemos el aquí y el ahora.

Si eres capaz de respirar, ver, moverte, oler, sentir, disfrutar de la naturaleza, ir a la playa, darte un baño en el mar, caminar por la montaña, disfrutar de una conversación con un amigo o ser querido, ver una puesta de sol o un amanecer, practicar tus aficiones, leer un buen libro, escuchar música, disfrutar de una comida, ver una buena película, cantar, reír, conocer sitios nuevos, aprender, amar... Si a día de hoy ya puedes hacer todas esas cosas o muchas de ellas, ya posees un altísimo porcentaje de lo máximo que la vida tiene para ofrecerte. Por lo que no amplifiques ni les des tanta fuerza a esas otras cosas que aún no tienes y que te gustaría tener en este mismo instante, ya que solo van a sumar un pequeñísimo porcentaje a las muchísimas cosas que ya posees para ser feliz cada día.

Estoy seguro de que conoces muchos casos de personas famosas que *a priori* lo han tenido todo y que están enganchadas a drogas, antidepresivos o somníferos, o incluso que cometen suicidio.

¿Crees que esto sería así si el dinero, las cosas materiales o incluso el éxito profesional o la fama pudieran comprar la felicidad?

La respuesta es que no, por sí sola ninguna de estas cosas va a entregarte la felicidad, y esto es así porque la felicidad proviene de dentro hacia fuera, porque nace desde nuestro interior y no de fuera hacia dentro, como mucha gente piensa. Esperar que experiencias o cosas materiales te reporten la felicidad es como llenar el tanque de gasolina de un fórmula 1 que no tiene motor y esperar que este gane la carrera.

Otra realidad que a muchas personas les impide disfrutar de la vida plenamente es que buscan la perfección en todo momento. Y hay que saber que la perfección no existe y tampoco la necesitamos. A fin de cuentas, si todo fuera perfecto, la misma palabra carecería de sentido. No digo que la búsqueda de la perfección no sea buena en determinados ámbitos —de hecho, nos puede dar esa motivación extra que nos puede ayudar a lograr cosas extraordinarias—, pero debemos ser conscientes de que no es necesaria para ser capaces de disfrutar de una vida plena y feliz. Hay otra frase que me parece tan cierta y real como la vida misma:

«Podemos tenerlo todo pero no al mismo tiempo».

Oprah Winfrey

Es importante que seamos capaces de disfrutar de momentos perfectamente imperfectos, o simplemente reconocer cada momento perfecto tal y como es.

Muchas veces estamos en una situación maravillosa y nos decimos «Esto es fantástico, pero sería aún mejor si además tuviera esto otro», o «Cuando tenga esto otro sí que sí…». Entiende que si actúas de esta manera te vas a sentir incompleto toda la vida.

Si te lo propones, vas a lograr esas cosas que quieres, pero para cuando las tengas hay otras que ya no estarán o serán distintas. Cada momento de nuestra vida es único e irrepetible, así que no esperes ni un solo momento más para disfrutar plenamente de todo lo que te rodea y sé capaz de ver la perfección en todo tal y como es.

Ahora o nunca.

Principio nº 34

Acepta la imperfección como parte de la perfección de la vida. Disfruta de cada instante tal y como es.

35

Como una hoja

¿Te ha pasado alguna vez que has sentido como si estuvieras nadando contra corriente?

¿Como si la vida no te dejara avanzar?

Pues es posible que ese fuera el caso. En muchas ocasiones nos empeñamos en emprender un camino que es el equivocado y esa es la forma que tiene la vida de redirigirnos en la dirección correcta.

¿Te suena la frase «**fluir con la vida**»?

Pues eso. Cuando haces lo correcto, las cosas se dan con facilidad. Sin embargo, cuando estás haciendo algo que está mal, la vida intenta advertirte. Hay personas a las que les cuesta muchísimo entender esto y empiezan a victimizarse, pero continúan haciendo lo mismo una y otra vez.

¿Recuerdas la frase que ya hemos visto de Albert Einstein?

«Si buscas resultados distintos no hagas siempre lo mismo».

Tiene sentido, ¿verdad? Pues hay mucha gente que no la pone en práctica.

Tú tienes un plan, tienes tus metas y objetivos establecidos; entiende que, sea lo que sea que te suceda en tu vida y tu día a día, puede ser necesario para que llegues a esa meta que te has propuesto, aunque aún no lo entiendas. ¿Cuántas personas han logrado sus sueños basándose en adversidades que les han sucedido? ¿Y cuántas otras no hubieran tenido oportunidades increíbles si no les hubiera pasado primero algo que se podía considerar desafortunado? Tememos a la incertidumbre y nos cuesta confiar en que lo que está sucediendo forma parte del plan que el universo tiene para nosotros para ayudarnos a que se hagan realidad esos sueños que estamos persiguiendo.

Hay que fluir para que la magia pueda ocurrir.

A todos nos gustaría que nos sucediera un milagro y nos tocara «la lotería». Pero, sin embargo, no le damos la oportunidad a la vida de dejar que esto suceda, por nuestros miedos, por nuestra necesidad de tenerlo todo bajo control.

Confía.

¿Sabes esa vocecita interna que en ocasiones te dice bajito que deberías hacer algo?

Y se sigue repitiendo durante un tiempo hasta que o bien lo haces o simplemente ya se deja oír porque la has ignorado lo suficiente. Pues bien, hazle caso a esa vocecita, porque rara vez se equivoca. Tal vez te diga que hagas una llamada de teléfono, que vayas a un sitio determinado a hacer algo, que tomes una decisión importante o que hagas ese viaje que tanto tiempo llevas posponiendo. Sea lo que sea, hazlo. Es tu yo más profundo indicándote el camino.

En muchas otras ocasiones, estas señales llegan a través de terceros, ya sean conocidos o desconocidos. Pueden venir en forma de consejos directos por parte de alguien, o bien en una información suelta que has recogido en una conversación casual pero que te ha llamado la atención porque está relacionada con algo que tenías en mente. Es increíble la cantidad de buenos consejos que recibe la gente necesitada de ayuda y que desoyen. La vida les está poniendo la solución a su problema en bandeja de plata y no la cogen.

Podría ser un libro, una oportunidad de inversión, un curso, una oferta de trabajo, un simple dato que te aporta una información que puede ser relevante para ti... El problema es que muchas veces nos da pereza tomarnos la molestia de indagar un poco más sobre esa recomendación/información que hemos recibido y nos privamos de encontrar la solución a un problema que tenemos o dejamos escapar una buena oportunidad relacionada con alguno de nuestros objetivos.

Escucha al duende.

Principio nº 35

Fluye con la vida, deja que la vida te guíe, sé capaz de ver las señales que se te dejan por el camino y escucha a tu voz interior.

36

Pitch stop

Sea cual sea el objetivo que te has propuesto, no lo vas a lograr si te quedas sin gasolina antes de llegar a la meta. Al igual que es muy importante mantener el enfoque en lo que queremos obtener, igualmente importante es tomarnos descansos para recuperar fuerzas y así poder continuar por el camino con los niveles de energía que se necesitan para poder lograr nuestros objetivos.

En una ocasión le preguntaron a un médico que había tenido una increíble trayectoria profesional, repleta de premios, reconocimientos, muchos libros publicados, cientos de estudios y descubrimientos realizados, que cuál había sido su secreto para haber tenido la capacidad de realizar tantísimas cosas de tanto valor a lo largo de su carrera. Su respuesta fue que era capaz de separar cada día como si fueran compartimentos estancos. Trataba cada día como si fuera uno completamente nuevo e independiente del anterior, se centraba al cien por cien en ese día en concreto, como si el anterior no hubiera existido y sin pensar en el siguiente. La misma actitud, día tras día.

Imagina que tienes que escalar una montaña de cinco mil metros de altura. Cuando estás a sus pies, en lugar de mirar hacia la cima y decir «¡Vaya, es imposible llegar allí!» y llevar a cabo la escalada pensando constantemente en todo lo que aún te falta por escalar hasta cubrir esos cinco mil metros, visualizas solo durante un instante tu objetivo de llegar a la cima y te concentras únicamente en los primeros cien metros que vas a escalar ese día. Al día siguiente, los siguientes cien y así hasta que después de cincuenta días alcanzas la cima y logras lo que habría parecido imposible si te hubieras centrado en esos cinco mil que tenías que escalar en total en lugar de los cien de cada día.

Posiblemente hubo escaladores que fracasaron porque quisieron llegar a la cima en cinco días, intentando escalar mil metros al día. Y tal vez el primer día lo consiguieron, pero a medio camino se quedaron sin fuerzas, ánimo o energías y tiraron la toalla. O algunos otros que no hacían más que pensar y recordarse lo mucho que aún les faltaba hasta cubrir esos cinco mil metros de dura escalada y el agotamiento psicológico les hizo fracasar.

Este ejemplo se puede trasladar no solo a objetivos a largo plazo, sino también a tu día a día. Cuando estés trabajando en algo, tómate descansos cada cierto tiempo. Por ejemplo, cada sesenta minutos, realiza un descanso de diez minutos. Cuando tengas un proyecto a medio plazo, deja días de por medio para desconectar. Cuando comiences una dieta, permite tener días en los que eres más flexible. Si has comenzado a hacer ejercicio, deja algún día de descanso de por medio y no te pases cada día dos horas entrenando. Es preferible, veinte, treinta o cuarenta minutos pero con constancia y regularidad que una o dos horas muchos días al principio, porque al final terminarás abandonando por exigirte en exceso.

Para poder rendir a tu máximo es fundamental estar descansado. En realidad, es que es casi tan importante o más la fase de descanso como la fase de trabajo, estudio o entrenamiento. Así de importante es el hecho de estar frescos y descansados. Robin Sharma dice:

« Work less and succeed more ».

«Trabaja menos para tener más éxito». Es fundamental tomarte descansos para recuperar energías y fuerzas cuando estás llevando a cabo cualquier proyecto. Pero igual de importante es, con cierta frecuencia, felicitarte y reconocer el esfuerzo y los avances que has ido logrando. Como se suele decir, **darse una palmadita en la espalda.** Somos muy exigentes con nosotros mismos, y muchas veces somos nuestro peor enemigo. Nos centramos en lo que no hemos hecho aún en lugar de mirar hacia atrás y reconocer el camino que ya hemos recorrido y el mérito que todo eso tiene.

Es como si nos pusiéramos la zancadilla a nosotros mismos. En lugar de hacer eso, recompénsate con frecuencia. Permítete un capricho, toma unas vacaciones, ve a darte un masaje, mímate, quiérete... Muchas personas no se creen merecedoras de regalarse satisfacciones. Y de esta forma el mensaje que te estás enviando a ti mismo y al universo es que nunca vas a ser merecedor porque no vales lo suficiente.

A cada paso que des, para a tomar aire, felicítate y recompénsate por ello. Si lo haces así, llegarás muy lejos.

Hay una regla que te puede ser de utilidad para darte cuenta qué clase de calidad de vida te estás proporcionando. Esta es la del 8-8-8. Consiste en la creencia de que, como regla, general deberíamos pasar aproximadamente ocho horas descansando, ocho horas trabajando y ocho horas destinándolas a nosotros mismos. Párate a pensar un momento si ya lo estás haciendo. Si la respuesta es no, podrías planteártelo como un objetivo.

Las ocho horas de descanso no necesitan explicación: el ser humano necesita dormir y descansar para poder estar bien y funcionar a su máximo nivel. No todas las personas necesitan exactamente la misma cantidad de horas de sueño, pero como cifra genérica ocho se aproximan bastante.

Ocho horas de trabajo. La mayoría de los humanos necesitamos trabajar para poder hacer frente a nuestras necesidades. Podrías trabajar más o menos de ocho horas, dependiendo de tus circunstancias, pero no creo que deba ser la aspiración de una persona dedicar más de esa cantidad de tiempo al trabajo de forma indefinida, sino más bien lo contrario.

Si dedicamos dieciséis horas al día a descansar y trabajar, dos cosas para las que la mayoría de nosotros no tenemos elección, eso nos deja ocho horas de libertad para hacer lo que realmente queramos hacer. No digo que no quieras trabajar o que no quieras dormir, pero estas cosas son obligatorias, las tienes que llevar a cabo sí o sí y durante ese tiempo no puedes hacer otras cosas que puede que te gustaría hacer. Esto significa que en realidad pasamos dos tercios de nuestra vida haciendo cosas para las que no tenemos elección y solo disponemos de un tercio de esta para hacer todo lo que no sea dormir o trabajar. Bueno, algo más si disponemos de los fines de semana, días de vacaciones y cuando nos jubilemos, si es que lo hacemos. Pero aun así, si tomamos como ejemplo la esperanza de vida en Europa (año 2020), que es de 83 años, calculamos los años que nos quedan por vivir y después los dividimos entre tres, ese sería el tiempo **libre** aproximado que nos queda para dedicarnos a nosotros mismos. Haz el cálculo, te espero.

¿Ya? No es tanto como pensabas, ¿verdad?

Pues ahora divide ese número por la mitad y tendrás una cifra más exacta, ya que de ese tiempo que *a priori* disponemos para nosotros dedicamos aproximadamente la mitad a hacer cosas rutinarias para las que no tenemos elección, como: cocinar, comer, limpiar, ducharte, lavarte los dientes, vestirte, el tiempo que gastas en desplazarte, ir al supermercado, realizar gestiones varias, etc.

Ahora te voy a proponer que hagas otro ejercicio, cuyo resultado, que al igual que este, seguramente te disguste, pero que considero que ser consciente de ello te aportará más cosas buenas que malas en el futuro. ¿Recuerdas la cifra que has calculado antes y que has dividido por la mitad? Habíamos sacado la conclusión que ese era el tiempo del que disponíamos para hacer lo que nos apeteciera y en la compañía que quisiéramos. Pero la realidad es que, por desgracia, hay que seguir dividiendo o restando si queremos realmente saber el tiempo que teóricamente nos quedaría por compartir con nuestros seres queridos. Voy a usarme a mí como ejemplo con la edad que tengo mientras escribo estas palabras, que son 38 años:

83 años (esperanza de vida en Europa) - 38 años = 45 años

45 años / 3 = 15 años

15 años / 2 = 7.5 años (tiempo libre real que dispondría para mí)

Pero ¿cuánto tiempo nos queda por compartir con nuestros seres queridos?

Mi mujer y mi hija: como mi mujer tiene la misma edad que yo y mi hija, obviamente, mucho menos, vamos a suponer que paso aproximadamente la mitad de mi tiempo libre con ellas, con lo que me quedarían algo menos de 4 años de tiempo para compartir con ellas.

Mi madre: Mi madre tiene 65 años (83 años - 65 años = 17 años)

y la suelo ver de media un día a la semana durante unas dos horas. Eso equivale a ocho horas al mes y 96 horas al año. 96 horas x 17 años = 1632 horas, o lo que es lo mismo, 68 días.

Si no cambio esas cifras, siendo consciente de esto y pasando más tiempo con mi madre del que paso hasta ahora, me quedarían algo más de dos meses enteros por compartir a su lado. Dura realidad...

Con mi padre suelo pasar la mitad de tiempo que con mi madre, y con mi hermano menos.

Mis mejores amigos: tienen la misma edad que yo, y desde que somos padres de familia, cada vez nos cuesta más encontrar momentos para vernos. La realidad es que los veo menos días al mes que a mi madre, pero cuando nos vemos, que suele ser en comidas o cenas, podemos compartir 3 o 4 horas cada vez. Así que podrías decir que me quedan unos 180 días enteros o unos seis meses para compartir con ellos, si las cosas no cambian.

Si esos son los días que me quedan por compartir con las personas más allegadas, ¿cuánto tiempo me queda con las muchas otras personas a las que aprecio y que veo con mucha menos frecuencia o que son mucho mayores que yo?

Esta es una reflexión dura, pero que a mí me ha ayudado a ser más consciente, a intentar aprovechar y disfrutar más el tiempo que paso con mis seres queridos y a intentar, siempre que puedo, crear nuevas oportunidades para compartir tiempo con ellos.

Pero, sobre todo, a apreciar más esos momentos, porque sé que no van a ser tantos como hubiera podido imaginar antes de ser consciente de ello.

Producto de esta realidad nació la idea que nos llevó a hacer un crucero el verano pasado a mi mujer y a mí, con nuestra hija, mi madre y sus padres, por el Mediterráneo. Fue ese pensamiento el que lo hizo posible, cosa de la que me siento muy agradecido.

Por todo esto es tan importante aprovechar al máximo nuestro tiempo y, sobre todo, **hacerlo de forma consciente**. Y voy a hacer hincapié en esto último, ya que me parece muy importante.

Tanto o más importante es el «**que**» estamos haciendo como el «**cómo**» lo estamos haciendo. ¿Cuántas veces estás en la cama en tu tiempo destinado a tus ocho horas de descanso, y estás pensando en el trabajo? ¿Cuántas veces estás en el trabajo pensando que te gustaría estar en la cama? ¿Cuántas veces estás en tu tiempo libre pensando en el trabajo? ¿Y cuántas veces estás en el trabajo pensando en lo que te gustaría hacer en tu tiempo libre?

En muchas ocasiones, cuando trabajamos, pensamos que deberíamos dedicarnos más tiempo a nosotros mismos y nos sentimos mal por esto. Pero después, cuando estamos en nuestro tiempo libre, pensamos en las cosas que tenemos que hacer en el trabajo o las cosas que queremos hacer para la empresa, y no disfrutamos plenamente porque sentimos que las podríamos estar haciendo ya, pero luego decidimos ir a la oficina y empezar a hacerlas y empezamos a sentirnos mal porque nos damos cuenta de que estamos viviendo para trabajar.

La solución a esto es, primero, darnos cuenta de que caemos en esa trampa muchas veces. Una vez que somos conscientes, tenemos que ir haciendo el esfuerzo de identificar en qué momento del día nos encontramos (si es en el de descanso, el de trabajo o el de tiempo para nosotros) y enfocarnos en eso lo máximo que podamos. Si estás trabajando, concentra toda esa energía que tienes en dar el cien por cien, para que cuando hayan pasado esas horas comiences las horas que tienes para dedicártelas a ti y las disfrutes sin remordimientos. Cuando estés fuera de esas ocho o equis horas destinadas a trabajar, céntrate en hacer esas cosas que te gustan y te apetecen. Recuérdate que esos momentos son increíblemente valiosos y trátalos como tales. No los desperdicies pensando en el trabajo, ya llegará de nuevo al día siguiente tu momento de dedicación al trabajo y tendrás la oportunidad de centrarte de nuevo en él.

Igualmente, cuando estés en la cama, intenta que tu momento de descanso sea de calidad, ya que es sumamente importante para tu cuerpo y mente. Es recomendable dejar a un lado las pantallas de los aparatos electrónicos (incluida la televisión) **al menos** una hora antes de irte a la cama, ya que la luz emitida por estos produce una reducción de la melatonina (la hormona reguladora del sueño). Leer un libro es un ejemplo de una buena manera para relajarte y conciliar el sueño, al igual que meditar, relajarse, hacer ejercicios de visualización y agradecimiento.

No te quedes sin gasolina.

Principio nº 36

Oblígate a tomar descansos; son necesarios para poder llegar a la meta. Los grandes objetivos son carreras de fondo y no de velocidad. Ocho horas de descanso, ocho horas trabajo, ocho horas para ti.

37

?

En muchas ocasiones nos encontramos en la posición de tener que tomar decisiones importantes. Y muchas veces esto nos genera estrés y nerviosismo.

Es cierto que a veces no es fácil saber cuál es la decisión correcta y que puede que no seamos capaces de encontrar *a priori* una solución a un determinado problema.

Esto nos puede llevar a sobrerreaccionar ante un hecho, a precipitarnos o a actuar de forma equivocada, influidos por el estrés, el miedo o el nerviosismo que nos produce pensar en esta situación, además del mal rato que todo esto nos puede hacer pasar.

Muchas veces nos preocupamos por algo que creemos que va pasar y que luego no sucede o que, para cuando ocurra, las circunstancias hayan cambiado tanto que lo que en aquel entonces parecía un problema ya no lo es.

Antes de tomar una decisión importante sobre algo, has de tener de tu lado a tu mayor aliado, y ese es la **información**. El resultado de que una decisión sea correcta o errónea depende principalmente de ella. Recopila tanta información como te sea posible sobre todo lo relacionado con el tema en concreto. Cuanta más información poseas, mejor será tu capacidad de decisión sobre algo.

Muchas veces pensamos en un posible problema o una situación que se podría dar e intentamos automáticamente ver cómo lo resolveríamos, y como en ese momento no lo vemos claro, comienza la preocupación. Pero la realidad es que a lo mejor hay muchas cosas que pueden pasar y es muy probable que no cuentes aún con todas las «herramientas» que necesitas para solucionarlo, o sea, toda la información.

Así que no caigas en la trampa de adelantarte a situaciones que puede que nunca ocurran, ni intentes tomar decisiones precipitadas sin tener toda la información que necesitas.

Conserva siempre la tranquilidad y toma decisiones inteligentes y meditadas una vez que estés debidamente informado o asesorado sobre el tema en cuestión.

No caigas en el alarmismo ni entres en pánico.
La información arroja luz en la oscuridad.

Hace no mucho tiempo, jugando un partido de fútbol, recibí un golpe en la rodilla. Pensaba que había sido solo la contusión, pero pasaban las semanas y la molestia no desaparecía, así que decidí ir a ver a un traumatólogo que mi seguro me proporcionaba.

Después de hacerme una resonancia magnética, el resultado no mostraba rotura de menisco, sin embargo, el doctor me aconsejó operarme (por artroscopia), ya que desde su punto de vista los síntomas indicaban que podría estar dañado el menisco, aunque la resonancia no lo reflejara. Salí de la consulta con fecha para la intervención.

Al comentarlo con mi padre y otros amigos que habían pasado por ello anteriormente, me aconsejaron pedir una segunda opinión y que si podía evitar la intervención, lo hiciera.

Hice caso de sus consejos y solicité una cita con otro traumatólogo, que me diagnosticó una tendinitis del abductor, que precisaba solo de rehabilitación. Faltaban solo dos días para mi operación. Llamé y la cancelé.

Días después nos confinaron debido a la pandemia y ni siquiera comencé la rehabilitación. Unas semanas de reposo y trabajo de tonificación del cuádriceps por mi cuenta me bastaron para que la molestia desapareciera por completo.

Si planteáramos un problema como si fuera una guerra que tenemos que librar, la información sería como nuestros aliados. Cuantos más aliados tengamos, más facilidad tendremos para ganarla. Si, por el contrario, decidimos ir a la guerra nosotros solos, dependiendo de lo fuerte que sea nuestro enemigo es posible que perdamos la batalla.

Espera a los refuerzos

Principio nº 37

A la hora de tomar una decisión importante, nuestro recurso más valioso es la información. Sé paciente y recopila tanta información como te sea posible.

38

Ikea

Imagina que vas por la tienda de muebles Ikea y ves un armario super sofisticado que te encanta. Eres capaz de visualizarlo en tu casa y ves claro que sería una fabulosa aportación a ese espacio que tienes en tu despacho y que desde hace tiempo querías ocupar con un mueble que te permita tener todos tus documentos bien ordenados y, a su vez, aportar ese toque de estética que tanto te gusta.

Cuando llegas a tu casa con el mueble y lo abres con la intención de montarlo, te das cuenta de que tiene muchísimas partes, tornillos y piezas. Por un momento te sientes abrumado, pero luego recuerdas que tienes un libro de instrucciones sobre cómo montarlo y eso hace que vuelvas a recuperar la confianza. Pero...

¿Qué pasaría si no tuviéramos ese libro de instrucciones con los pasos a seguir para llevar a cabo el montaje?

Seguramente tu nivel de estrés aumentaría, al igual que tu inseguridad sobre si vas a lograr montarlo con éxito o no. Podría darse el caso de que, después de bastante esfuerzo y no sin haberte equivocado más de una vez, lograras terminarlo. O que probases suerte y después de varios intentos fallidos te dieras por vencido y abandonases. También es muy probable que directamente ni lo intentaras...

Bien, pues con los objetivos que nos ponemos en nuestra vida sucede lo mismo. Muchas veces nos lanzamos hacia ellos de forma improvisada y las cosas no terminan saliendo como esperamos o en cuanto se nos cruzan unas cuantas piedras en el camino nos damos la vuelta.

Henry Ford dijo una vez:

«Pensar es el trabajo más difícil que existe. Quizá sea esta la razón por la que haya tan pocas personas que lo practiquen».

Vas a tener muchas más probabilidades de éxito si antes de comenzar el camino eres capaz de visualizar un **plan**. No tienes que tener atados todos los detalles, pero sí es bueno tener una visión genérica de cuáles van a ser tus principales líneas de actuación. Tener ese plan te va a aportar mucha confianza y aunque a lo mejor no lo tengas todo atado al cien por cien te va a aportar la seguridad de que tienes algo a lo que agarrarte y, conforme vayas avanzando y cumpliendo hitos, te irá dando la motivación que necesitas para continuar.

Como dice Warren Buffett:

« Un tonto con un plan puede vencer a un genio que no lo tenga ».

Otra de las ventajas de acometer cualquier actividad con un plan establecido es que vas a poder visualizarte por adelantado en las diferentes fases por las que vas a ir pasando, y como ya hemos hablado anteriormente, esto pone en funcionamiento la ley de la atracción, que jugará a tu favor. Si eres capaz de visualizarlo, ya tienes gran parte del trabajo hecho.

Todo comienza con un... ¡plan!

Principio n° 38

Sea lo que sea que quieras lograr, tómate el tiempo de planear y visualizar cómo lo vas a hacer. Te aportará la seguridad que necesitas para acometerlo y tendrás más probabilidades de éxito.

39

Lo escrito escrito está

¿Recuerdas a Parkinson y su ley sobre cómo aumentan nuestros gastos hasta equipararse a nuestros ingresos?

Pues este señor también descubrió que nos sucede una cosa similar con la forma en la que hacemos uso de nuestro tiempo, y viene a decir algo así: el trabajo se expande hasta llenar el tiempo disponible para que se termine.

O lo que es lo mismo, si nos dan una semana para terminar un trabajo concreto, lo terminaremos en una semana y si nos dan dos, lo terminaremos en dos.

¿Y qué es lo que sucede cuando no se nos da una fecha límite para realizar algo que queremos hacer o que sabemos que deberíamos hacer porque es beneficioso para nosotros?

Pues es muy probable que no lo hagamos nunca o que lo acabemos mucho más tarde de lo que lo podíamos haber completado, con sus respectivas desventajas.

¿Por qué no hemos hecho aún muchas de las cosas que nos gustaría hacer?

Pues porque consideramos que tenemos toda la vida para hacerlas. Como no sabemos la fecha de nuestra muerte, si aplicamos la ley de Parkinson es probable que no las hagamos nunca o, en muchos casos, que las hagamos en el tiempo de descuento.

¿Sabes cuál es la mejor manera de hacer ese viaje que tantos años llevas posponiendo?

¡Comprar los billetes de avión en este mismo instante!

Una vez que ya tienes los billetes sacados, todo lo demás irá cogiendo forma poco a poco. Al haber sacado los billetes, ya tienes una fecha límite a la que tienes que ceñirte, por lo que, según la ley de Parkinson, pondremos a funcionar la maquinaria para llevar a cabo los preparativos necesarios para que ese viaje se realice con éxito.

Y con el resto de cosas que suceden en tu vida sucede lo mismo.

Si pones fecha por adelantado a encuentros con tus seres queridos, estos se materializarán; si no lo haces, posiblemente no. Si pones fechas límite para realizar proyectos u objetivos concretos, sucederá lo mismo.

Si quieres que tus días, semanas o meses sean mucho más productivos, programa las cosas que quieres hacer antes de que comience ese día, semana o mes. Una vez que ya lo tienes por escrito, tendrás muchas más posibilidades de que se lleve a cabo. Si gracias a esto logras que tus semanas sean un veinte o treinta por ciento más productivas, a final de año habrás hecho un montón de cosas más.

Llevar a cabo este ejercicio te llevará minutos, pero los beneficios que puedes obtener de hacerlo, durarán toda la vida.

¡Estás agendado!

Principio n° 39

Pon fechas límite, planifica por adelantado y agenda las cosas que quieras hacer. Serás muchísimo más productivo y acabarás con la procrastinación. Aplícalo a cualquier área de tu vida.

40

Pepitas de oro

¿Has visto alguna vez esas películas en las que se ve a buscadores de oro en ríos con una especie de redes o mallas que utilizan para filtrar la arena y el agua y así lograr identificar las pepitas de oro?

Nosotros deberíamos hacer lo mismo pero con las cosas que decidimos hacer en nuestra vida. Ya hemos convenido que la vida es relativamente corta y que no tiene sentido desperdiciar nuestro valioso tiempo. Por lo tanto, es más que razonable que, si no disponemos de tiempo para desperdiciar, elijamos bien en qué lo invertimos. Hay muchas cosas que hacemos en nuestro día a día por costumbre, porque hemos adquirido ese hábito de alguna u otra manera y ni siquiera nos paramos a pensar si nos está aportando algo beneficioso para nuestra vida o si está alineado con los objetivos que queremos lograr.

Las cosas que haces hoy son las que van a determinar tu yo del mañana.

Por ello debemos prestarles mucha atención.

Solemos pensar que ya habrá tiempo de hacerlas y tendemos a procrastinar. De lo que no somos conscientes muchas veces es de que la vida pasa mucho más rápido de lo que creemos y que, con toda seguridad, cuando hayan pasado los años y mires atrás vas a desear haber comenzado a hacer ciertas cosas mucho antes.

Existe una ley que nos puede ayudar a la hora de elegir cuáles son las cosas que debemos hacer en la vida para ser más productivos.

Es la ley de Pareto, también conocida como la ley del 80/20, que fue publicada por un ingeniero, sociólogo y economista de origen italiano llamado Vilfredo Pareto a comienzos del siglo XX.

Esta ley establece que, de forma general y para un amplio número de fenómenos, aproximadamente el 80 % de las consecuencias proviene del 20 % de las causas. Por ejemplo: el 80 % de las ventas de una empresa las generan el 20 % de sus productos o clientes, dedicando el 20 % del tiempo a aprender a tocar un instrumento puedes llegar a dominarlo al 80 % y, en general, el 80 % de los resultados que estamos obteniendo en algo provienen del 20 % de las acciones que estamos realizando.

Esta no es una ley exacta, pero en muchísimos casos se cumple y viene a reforzar la importancia de pararnos a pensar, reflexionar y elegir bien el tipo de cosas que hacemos y a qué estamos destinando cada minuto de nuestro tiempo.

Si te paras a analizar en qué estás invirtiendo tu tiempo, puedes descubrir que hay muchas cosas que haces que realmente no merecen la pena y que si las descartas, ganarás mucho tiempo libre para destinar a otras que te van a aportar mayores beneficios. Tal vez no necesites trabajar ocho o doce horas al día, con dos o cuatro horas enfocadas en las cosas que mejores resultados te están dando sería suficiente. O, si así lo prefieres, continúa con tus ocho horas de trabajo, pero destínalas a las cosas que realmente te están aportando los mejores resultados y descarta el resto.

Dedica cada cierto tiempo periodos destinados solo a pensar. Siéntate con una libreta en blanco ante ti y haz anotaciones de ideas, objetivos, preguntas a las que quieres encontrar respuesta o retos que te vayan surgiendo. Intenta descubrir cuáles son las acciones que estás realizando que más beneficios te están aportando a tu vida y cuáles lo contrario. Podrías querer dedicarle treinta o sesenta minutos a la semana, o tal vez al día.

Son muchas las personas de éxito que afirman que dedican largos periodos a la reflexión como práctica habitual. Entre ellos está Bill Gates, que incluso suele hacer dos retiros al año en soledad para dedicarlos a leer y reflexionar.

Muchas veces no consiste en cuánto hacemos sino en **qué** hacemos. No hay que trabajar más, sino trabajar de forma más inteligente.

Descarta todo lo que hagas en tu vida que no te proporcione resultados excelentes.

Principio n° 40

La ley de Pareto: el 80 % de los resultados proviene del 20 % de nuestras acciones. Elige de forma inteligente cuáles serán esas acciones.

41

Salta al mundo paralelo

Hay personas que piensan que tienen la vida que les ha tocado, que son las personas que les ha tocado ser, y actúan como si no pudieran hacer nada para introducir cambios significativos en su persona o en su vida.

La realidad es que la vida de cada persona puede ser vivida de infinidad de maneras diferentes y que en cualquier momento podemos hacer cosas que nos lleven a obtener resultados completamente distintos.

El problema es que muchas de estas personas no conocen otra cosa. El círculo en el que se mueven y su zona de confort son muy limitados y extremadamente pequeños. Simplemente hacen lo que están acostumbrados a ver y a hacer.

Pues bien, ha llegado el momento de hacer **zoom out**.

¿Recuerdas que hemos hablado de que en muchas ocasiones para lograr determinados objetivos es muy importante el enfocarnos con detenimiento y concentración?

Pues hay otras en las que hay que hacer exactamente lo contrario: alejar el enfoque para lograr ver ciertas cosas con más **perspectiva**.

Pondré un ejemplo.

Imagina que vives en un pueblo de una región de España, has montado un restaurante de comida creativa y no te está yendo nada bien. Estás desanimado pensando que tu producto es malo y no gusta. En lugar de abandonar tu sueño y volver a trabajar a la fábrica de vinos que a tanta gente emplea en tu región,

¿por qué no alejar el zoom y ver las cosas con un poco más de perspectiva?

Si alejamos un poco el zoom, alcanzamos a ver ciudades más grandes de tu provincia donde tal vez podría funcionar mejor tu negocio. Y si lo alejamos más aún, podemos ver ciudades mucho mayores y con más posibilidades, como Madrid, Barcelona, Valencia… ¿Y qué tal si lo alejamos aún más y nos planteamos la posibilidad de abrir nuestro restaurante en otro país, como Alemania, Noruega, Inglaterra o Francia? ¿Estados Unidos, Japón, Chile…?

A esto me refiero con alejar el zoom o ver las cosas con más perspectiva. Y esta práctica se puede aplicar a cualquier ámbito de nuestra vida. Cuando algo no está yendo como nos gustaría o como esperabamos y nos sentimos atrapados, siempre tenemos la posibilidad de intentar ver la situación con un enfoque más amplio o desde otro ángulo para así poder ampliar el abanico de posibilidades que poseemos a la hora de cambiar aquello con lo que no estamos a gusto.

¿Que no estás de acuerdo con la política económica o social de tu país? Migra a otro que sea más de tu agrado. ¿No te sientes feliz en el trabajo que tienes? Cambia de empresa o emprende por tu cuenta. ¿Que no hay muchas opciones de trabajo en tu zona?

Trasládate a otra ciudad o país donde sí las haya. ¿No te sientes bien con tu grupo de amigos? Pues cambia de amigos, cambia de colegio, cambia de ciudad o incluso plantéate salir fuera un tiempo. ¿Que te consideras una persona demasiado introvertida? Apúntate a cursos de oratoria, crecimiento personal o baile.

La vida es como un juego en el que gana la partida quien logra ser más feliz, así que también es como un arte, el arte de la felicidad, y cada día que te despiertas por la mañana es como si tuvieras un lienzo en blanco ante ti. Tienes la oportunidad de empezar de cero y dibujar la vida que desees.

En ocasiones nos encontramos tan inmersos en una espiral destructiva y de falta de alicientes que es necesario pulsar el botón de resetear y empezar la partida de nuevo. **No le tengas miedo a empezar de cero**. A grandes males, grandes remedios.

A esto es a lo que se llama cambiar de paradigma. Cuestionar todo lo preestablecido y darte cuenta de que la vida puede ser vivida de infinidad de formas diferentes, y que si la manera en la que la estamos viviendo hasta ahora no nos está trayendo los resultados que deseamos y no somos todo lo felices que nos gustaría, siempre tenemos la posibilidad de cambiarla.

A pocos metros de distancia hay un mundo paralelo completamente diferente donde existe la vida que deseas vivir.

¿Saltamos?

Principio nº 41

Sé capaz de cambiar de paradigma cuando la situación lo requiera. Y, si es necesario, no tengas miedo de pulsar el botón de resetear.

42

La búsqueda interminable

Nacemos por amor, y vivimos por él y gracias a él. Por esto la mayoría de nosotros le damos tanta importancia a encontrar la pareja perfecta. Y no es para menos, a fin de cuentas va a ser la persona con la que vamos a pasar más tiempo a lo largo de nuestra vida, nuestro mejor amigo, nuestro apoyo en los momentos duros, la primera persona con la que compartamos nuestras alegrías y tristezas y, en gran medida, influirá en que tengamos una vida más o menos feliz.

El ser humano esta hecho para vivir en pareja. Es el estado en el que nos sentimos más completos y, por lo tanto, es de lo más natural sentir la necesidad de buscar a esa persona que va a desempeñar un papel tan importante en nuestra vida. El problema viene cuando esa búsqueda se transforma en frustración si no logramos encontrar ese amor o cuando lo hemos encontrado (o al menos eso pensamos) pero las cosas no funcionan como esperamos.

En muchas ocasiones nos centramos demasiado en pensar

cómo queremos que sea la persona de nuestros sueños en lugar de preocuparnos más en ser nosotros la persona de nuestros propios sueños y, por ende, en la persona de los sueños de otro también.

Deepak Chopra dijo algo que refuerza esta misma idea:

«En vez de buscar a la persona correcta, conviértete en la persona correcta y entonces todas las personas correctas se mostrarán ante ti».

Uno de los principios de la ley de la atracción es que lo semejante atrae a lo semejante. Conviértete primero tú en esa bella persona con la que te gustaría compartir tu vida y esta se presentará ante ti.

En ocasiones nos empeñamos en que una persona en concreto tiene que ser esa que llevábamos buscando, cuando la vida te está demostrando que no es así. Esta frase de Einstein nos lo recuerda:

«Si quieres vivir una vida feliz, átala a una meta, no a una persona o a un objeto».

Si las cosas no fluyen con naturalidad en el 99 % de los casos es porque esa persona no es para ti. Tal vez tú no entiendas el motivo, pero la vida no se equivoca y debes dejarla marchar. Céntrate en lo que deseas obtener en una relación de pareja (una meta): amor, comprensión, empatía, atracción, unas características físicas determinadas, complicidad, formar una familia con hijos... Y confía en que aparecerá esa persona que te aporte todas esas cosas que buscas. Pero no lo hagas al revés, no busques todas esas cosas en una persona en concreto que a ti te gustaría que fuera la elegida. Entiende que a lo mejor no se llama Juan ni María, sino Helena o Javier.

Hay unos 7700 millones de personas en este planeta. Ahí fuera hay una persona que busca a alguien exactamente como tú, que le ofrezca exactamente lo que tú tienes que ofrecer.

No te esfuerces con alguien que no sienta y te vea de la misma manera que tú la ves a ella. El verdadero amor, el amor que es duradero y auténtico, es y debe ser reciproco. Esa persona que buscas está ahí. Simplemente ten la predisposición adecuada, fluye, y ese alguien se presentará ante ti en el momento correcto.

Debemos ser capaces de entender que en ocasiones hay personas que pasan por nuestra vida durante un periodo determinado en el que ambos nos aportamos cosas buenas que necesitamos en ese momento pero que, después de un tiempo, cada uno sigue un camino diferente.

No hay que ver esto como una tragedia ni un drama, porque por suerte aquí nadie pertenece a nadie, las personas se juntan cuando en un momento determinado de su vida sus necesidades se complementan y si llega el momento en que deja de ser así, como suele pasar en muchas ocasiones, hay que entenderlo como algo natural y sano y ser capaces de dejar marchar al otro. Nunca sabemos si la vida nos puede volver a juntar en el camino más adelante, pero, sea como sea, nos tenemos que sentir muy agradecidos por todo lo bueno que esa persona nos aportó durante ese periodo que compartimos.

Cuando algo así sucede, tenemos que saber que ese capítulo se cerró porque hay otro que debemos comenzar. No sabemos qué nos deparará, pero de lo que tenemos que estar seguros es de que si afrontamos las cosas con naturalidad, este será igual o mejor porque nadie te conoce mejor que la vida misma y esta se ocupa de traerte en cada momento aquello que necesitas para hacer realidad tus deseos.

Tus medias naranjas.

Principio nº 42

Ocúpate en ser el correcto más que en saber cómo encontrar a la correcta o el correcto. No hagas que tu felicidad dependa de una persona en concreto, define lo que quieres y una persona de esas características aparecerá.

43

Adivinar para los magos

Si fuéramos conscientes de la cantidad de problemas que nos podríamos evitar simplemente mejorando la forma en que **nos comunicamos**, estoy seguro de que muchos de nosotros nos tomaríamos más molestias en mejorar en ese campo.

Llevar a cabo una **comunicación efectiva** no solo nos puede ayudar enormemente en nuestras relaciones de pareja, de familia, de amistad y con desconocidos, sino que es una cualidad importantísima a nivel profesional.

Tomarnos la molestia de mejorar nuestras habilidades a la hora de comunicar mejorará nuestra vida en casi todos sus ámbitos.

Cuántas veces habremos tenido problemas por no saber lo que le estaba pasando a nuestra pareja, lo que pensaba, o por no haber entendido bien algo en concreto que nos solicitaban en la escuela o en el trabajo. O nos habremos enfadado por malinterpretar algo que se nos ha dicho o hemos dicho.

Los errores de comunicación han causado, causan y seguirán causando muchas muertes, como fue el caso del accidente aéreo con el mayor número de muertos en la historia de la aviación sucedido, en el aeropuerto de Tenerife Norte en el año 1977 cuando, inmerso en una densa niebla, el comandante de un avión entendió equivocadamente que el controlador aéreo le había autorizado a despegar cuando aún había otro avión en pista. Dos Boeing 747 chocaron en la pista cuando uno de ellos iniciaba su despegue mientras el otro estaba aún saliendo de ella. Perdieron la vida 583 personas, no porque el avión sufriera un problema técnico, que es lo que la mayoría de las personas temen cuando se suben a un avión, sino por un error de comunicación que fue doble, ya que el copiloto no había entendido que estaban autorizados a despegar, pero no fue capaz de comunicárselo de forma efectiva al comandante por no contradecirlo.

Muchísimas veces el mensaje que queremos transmitir no llega correctamente. En ocasiones porque no se ha transmitido de forma correcta y en muchas otras porque ni siquiera se ha enviado.

Comunicación efectiva es que el mensaje que pretendemos transmitir a una persona le llegue de forma correcta y esta haya entendido exactamente la información que queríamos pasarle.

Para esto muchas veces hace falta recibir un *feedback* por parte de la persona que recibe el mensaje. Como, por ejemplo, se hace en la aviación, en la que cada instrucción debe de ser repetida por parte de los pilotos a los controladores aéreos para confirmar que lo han entendido correctamente.

Para lograr mantener una buena comunicación es muy importante hacer algo que es muy evidente pero que no a mucha gente se le da muy bien: saber escuchar cuando los demás hablan, no interrumpir a la otra persona y esforzarnos por entender exactamente lo que nos están intentando transmitir.

Si eres una persona que sabe escuchar, obtendrás muchos beneficios de esto, ya que a la gente en general le encanta hablar y, por supuesto, que les presten una atención sincera.

Las personas que son buenas escuchando obtienen mucha información que *a posteriori* les resulta de utilidad y les permite responder de forma más efectiva y precisa cuando les es necesario.

Saber escuchar es muy importante, pero igual de importante es comunicarnos y transmitir nuestro mensaje correctamente.

Como hemos dicho, no debemos nunca dar por hecho que las demás personas saben lo que queremos o lo que tienen que hacer en cada momento. Sé comunicativo y asegúrate de que tu mensaje ha llegado. Si es necesario, pide confirmación para garantizar que se ha entendido lo que has transmitido. Por supuesto, cuida tu tono de voz y tu lenguaje corporal, que también forman parte de la comunicación, y ten cuidado cuando las cosas se transmiten solo por texto, porque es más probable que se puedan malinterpretar.

Hay que tener en cuenta que, en la comunicación con otras personas, la forma en la que recibimos e interpretamos un mensaje proviene en solo un 7 % de las palabras que utilizamos, un 38 % del tono de voz y un 55 % de nuestro lenguaje corporal.

No subestimes el poder de una buena comunicación. Es fundamental en casi todos los ámbitos de nuestra vida. Esfuérzate en escuchar y comprender lo que otras personas tienen que decirte y asegúrate de que tu mensaje se entiende correctamente y que se transmite con la mayor claridad posible.

No es casualidad que muchísimas de las personas más exitosas que existen, asistan con frecuencia a talleres y seminarios de oratoria y comunicación.

Recuerda que no solo te puede ayudar a nivel profesional sino que también mejorará la calidad de tus relaciones con tus seres queridos.

¿Entiendes?

Principio nº 43

Sé comunicativo y sé buen comunicador. Sé bueno escuchando.

44

El saboteador

Si hay algo que no necesitas tener casi en ningún momento, eso son **los nervios**.

Son el motivo de que en muchas ocasiones rindamos por debajo de nuestras posibilidades, ya que contribuyen a que nos puedan fallar la memoria y el razonamiento y pueden ser los causantes de que no tengamos éxito en una entrevista, un examen, una reunión, una cita o cualquier otro acontecimiento importante para nosotros.

En ocasiones podemos llegar a pensar que demostrar tener ciertos nervios podría ser algo no tan negativo, porque demuestra nuestro interés hacia eso que estamos haciendo, pero la realidad es que no es así. Los nervios demuestran inseguridad, y esta no es una cualidad que mucha gente valore, sino más bien al contrario.

Te prepares para lo que te prepares, ya sea un examen, una prueba deportiva, una entrevista de trabajo, un discurso o una reunión, has de darle la misma importancia o más a la parte de controlar los nervios que a la de estudiar, entrenar, practicar o cualquier otra cosa que debas hacer para presentarte con garantías a eso que quieres lograr.

De nada sirve que te prepares muy bien una prueba si luego hace su aparición el «saboteador» y te pone la zancadilla.

Antes de esa prueba o cualquier cosa que vayas a realizar, debes prepararte para que los nervios estén bajo control.

Hay diferentes maneras de lograr esto, y algunas funcionarán mejor para unas personas y otras, para otras. Hacer ejercicio físico suele ser una buena forma de relajarse. Meditar, visualizar lo que vayas a hacer por adelantado varias veces, imaginándote tranquilo durante el proceso, y practicar técnicas de respiración y relajación son algunas de las prácticas que contribuyen a este objetivo.

Por supuesto, debes prepararte lo mejor que puedas. Cuanta más preparación, más confianza tendrás, y esta es la clave. Así que si es importante para ti, no dejes de dar el doscientos por cien durante la fase de preparación.

Pero una vez llegado el día de la verdad, ya no debes mirar atrás. No vale pensar que te podías haber preparado mejor, ni los repasos de última hora, ni permitir que determinados pensamientos ocupen tu cabeza. Llegado ese día, debes relajarte, quitarle hierro al asunto y relativizar la importancia del resultado de lo que vayas a hacer. Que sea lo que tenga que ser. Sea cual sea el resultado, va a ser para bien. Haz lo posible para engañar a tu cuerpo si es necesario para que esté relajado y, lo que es más importante aún, para transmitir esa tranquilidad. Haz cosas que te permitan evadir la mente y distraerte o que te hagan reír. Recuérdate que estás muy tranquilo y quítale hierro al asunto, porque, pase lo que pase, la vida sigue y siempre habrá nuevas oportunidades.

Si por algún motivo el desenlace no es el deseado, que sea por otras razones pero no porque el saboteador te ha jugado una mala pasada.

En muchas ocasiones cometemos el error de pensar que otras personas son mucho mejores que nosotros, que tienen más talento, que saben más, que están mejor preparados... Y, por el contrario, que nosotros no sabemos lo suficiente, que no estamos preparados, que no somos capaces, que esa meta es inalcanzable para nosotros, que no somos merecedores, etc. La realidad es que esto no es cierto y que la diferencia que suele haber entre ciertas personas que se preparan con interés para algo en concreto en general suele ser mínima, pero la confianza y el estado mental de unos y de otros es diferente, y en muchos casos eso es lo que marca la diferencia.

Recuerda: siente y transmite seguridad y confianza. Esa es la clave. No hablo de arrogancia, sino de tranquilidad.

Los nervios no están invitados a esta fiesta.

Principio nº 44

Si es importante, los nervios no están invitados. Trabaja tu seguridad y tu confianza.

45

Los cinco pilares

En la vida de una persona existen cinco pilares fundamentales que debemos cuidar con atención, como lo haríamos con una planta para que esta no se marchite o muera.

El primero es el **amor**. Cuando hablo de amor, no solo me refiero al amor que te proporciona una pareja, sino también el que proviene de un hijo, de un amigo o de un familiar cercano. El ser humano no puede vivir sin amor. Este es la esencia de la vida y cuanto más amor haya en tu vida, más dichoso serás. Hay personas que no poseen pareja o familiares cercanos, como padres o hermanos, de los que recibir y a los que poder dar amor, pero sí que cuentan con otros seres queridos, con quienes tienen un vínculo igual de fuerte que el que podrían llegar a tener con uno de estos.

Una pareja, un padre, una madre, un hermano o una hermana, un tío o una tía, un abuelo o una abuela, un hijo o una hija, son seres con los que podrías afortunadamente tener un vínculo muy bonito, pero si por razones de la vida este no es tu caso, hay muchos millones de seres más en el planeta que no tienen la etiqueta de familiar o pareja y con los que desarrollar un vínculo en el que puedas recibir y dar el mismo amor que con ellos, y se llaman **amigos o seres queridos**.

Otra fuente de amor que tanto bien hace a un alto porcentaje de la población son las mascotas. No son seres humanos, pero sí son seres vivos que tienen la capacidad de transmitirnos afecto de forma incondicional, al que nosotros podemos corresponder.

Recuerda regar la planta del amor, recibiendo y transmitiendo una buena dosis de este con la mayor frecuencia posible.

Otro pilar básico en la vida de una persona es el **profesional**. Todo ser humano necesita poder generar para sobrevivir, y en una sociedad capitalista como en la que vivimos, aun más. Hemos dicho que podemos llegar a pasar casi un tercio de nuestra vida dedicados al trabajo, esto debería darnos una idea de la importancia que tiene poder disfrutar de él. Así que hemos de hacer lo posible por que no solo nos guste lo que hacemos, sino que también vaya en consonancia con las expectativas de vida que tenemos. Nuestra aspiración no debe ser adaptar nuestro nivel de vida a unos ingresos que percibamos, sino que los ingresos que percibimos sean los necesarios para que podamos vivir de la forma que deseamos.

Busca que tu manera de generar ingresos provenga del desarrollo de una actividad que te satisfaga y nunca te conformes con menos de lo que deseas para llegar a vivir la vida que quieres.

Si hay un sitio en el que pasamos bastante tiempo, ese es nuestro cuerpo, así que es sumamente importante mimarlo y cuidarlo. Este tercer pilar básico que debemos fortalecer es nuestro **físico**. Comer de forma saludable, hacer ejercicio con regularidad, no fumar, evitar o minimizar la ingesta de alcohol y, por supuesto, no consumir ningún tipo de drogas ilegales.

Sentirnos saludables tiene una importancia capital en nuestra felicidad. Mímate, mima a tu cuerpo.

La vida es bella y hemos venido a este mundo para vivirla y disfrutarla con intensidad. Todo lo que no sea eso es ir contra natura y apagaría tu espíritu. Por eso el cuarto de los pilares es el de la **pasión**. Realiza con frecuencia actividades que te apasionen, ya sea practicar deporte, pasear por la naturaleza, escuchar o tocar música, leer, pintar, ir al teatro, disfrutar del mar, viajar y conocer sitios nuevos, ayudar a otras personas, bailar, cantar... Regálate con frecuencia una buena dosis de eso que te alegra el corazón. Juega, diviértete, ríe y disfruta.

En la vida podríamos amar y ser amados, sentirnos realizados profesionalmente, tener un físico extraordinario y disfrutar intensamente de esas cosas que nos apasionan, pero si descuidáramos o no poseyéramos este quinto y último pilar, podríamos sentirnos completamente perdidos. Este es el pilar de la **espiritualidad**. Hay muchas personas que no le dan la importancia que debieran a su parte espiritual y esto puede tener consecuencias muy negativas, como sentirnos vacíos o perdidos. También, en muchos casos, puede ser causa de ansiedad, depresión y ataques de pánico.

El ser humano necesita creer en algo, sentir que forma parte de algo más grande y que su vida en la tierra tiene un significado. Tener una guía que le aporte unos valores, un motivo por el que querer crecer y **ser mejor persona**, ya sea religión, filosofía de vida, ideología, maestro espiritual...

Rezar, ir a misa, meditar, leer libros relacionados con crecimiento personal o acudir a talleres que te ayudan a cultivar y hacer crecer tu yo interno son ejemplos de actividades que pueden ayudar a que este pilar de la espiritualidad se fortalezca.

Una manera de alimentar tu lado espiritual es el hecho de estar en constante crecimiento. Tu alma y tu espíritu se alegran y energizan cuando sienten que estamos evolucionando. A fin de cuentas, ese es uno de los propósitos por los que hemos venido a la tierra.

Aprender a ser mejores personas y ayudar a los demás es una expresión de crecimiento personal que expande tu espiritualidad.

Somos energía y, como sabes, esta ni se crea ni se destruye, sino que se transforma. Sentir que formamos parte de algo más grande ha sido siempre fundamental para el ser humano, y a día de hoy no es diferente. No subestimes la importancia de cultivar con frecuencia esta parte de tu vida. Yo en particular creo en la reencarnación. Creo que venimos a la tierra para ser felices y aprender. Y que, cuando ya hemos satisfecho esa parte evolutiva, pasamos a otra superior y desempeñamos un nuevo papel en el universo.

El equilibrio entre estos cinco pilares es la base para poseer una vida plena. No descuides ninguno de ellos, ya que todos son igual de importantes y, como un cocinero con su receta maestra, tener la habilidad de combinar todos los ingredientes en su correcta proporción es la clave para crear un plato, que bien podría ser un manjar de dioses en la tierra.

5

Principio nº 45

Fortalece los cinco pilares: el amor, la profesión, la salud física, la pasión y la espiritualidad.

46

Caminando entre gigantes

Cuanto antes descubras que en el juego de la vida existen unas reglas no escritas que te pueden ayudar a avanzar mucho más rápido por el tablero y de una forma mucho más armoniosa y placentera, antes comenzarás a absorber la información que te reportará esos valiosísimos resultados.

Estaremos de acuerdo en que la persona que eres hoy no es la misma que la que eras de niño y ni siquiera la de hace unos meses o años. Con el paso del tiempo, de una manera o de otra la vida te ha ido enseñando cosas, en algunos casos mediante la técnica de prueba y error y en otros gracias a enseñanzas e información que has ido obteniendo de diversas maneras. Con casi total seguridad, estés en el punto que estés de tu vida, estoy convencido de que cuando eras más joven te habría gustado haber sabido las cosas que sabes hoy. Y es lógico: habrías cometido menos errores, te habrías ahorrado sufrimiento y habrías llegado al punto en el que te encuentras ahora más rápidamente.

Si estamos de acuerdo en esta reflexión y sabemos que muchísimas de las personas más brillantes que han existido se han tomado la molestia de dejarnos documentos escritos de todos los aprendizajes que ellos han tenido a lo largo de su vida, en libros que podríamos leer en cuestión de horas, no hacerlo sería dejar escapar una oportunidad y ventaja demasiado valiosa,

¿no crees?

Sea cual sea el campo en el que te gustaría mejorar, hay libros y personas que han dejado información de utilidad para que nosotros la utilicemos. No tiene sentido que sigamos avanzando a ciegas por el tablero cuando ya otro ha recorrido ese camino con éxito y se ha tomado la molestia de dejar por escrito cuáles son las dificultades que nos podemos encontrar y cómo podemos sortearlas para llegar a la meta que nos hayamos propuesto.

> *«Somos el promedio de las cinco personas con las que pasamos más tiempo».*
>
> *Jim Rohn*

¿Y si las personas con las que pasáramos más tiempo fueran Albert Einstein, Leonardo Da Vinci, Thomas Edison, Warren Buffett, Dale Carnegie o Steve Jobs?

¿Recuerdas el capítulo en el que te hablo de la importancia de la información a la hora de tomar decisiones cuando surge determinado problema? Pues esto también se puede ampliar a la vida en general. Me explico.

Hacemos las cosas que hacemos en nuestro día a día basados en la información y los conocimientos que poseemos y hemos adquirido o que nos han transmitido nuestros padres, en la escuela, amigos, profesores, libros, internet, etc.

Si yo no tengo ni idea de que en una ciudad en concreto hay un barrio muy peligroso, cabe la posibilidad de que, haciendo turismo, me adentre allí, con el consiguiente peligro. Sin embargo, si antes hubiera hablado con alguien que conoce la ciudad o leído blogs de viajes, es posible que hubiera recibido esa información que me habría hecho evitar ese riesgo.

Imagina que quieres crear un shop-online para tu negocio. Hablas con un amigo y te dice que conoce una persona que te crearía la web y el shop-online por ocho mil euros. Lo consideras una opción válida, pero antes de comprometerte decides asistir a un evento de marketing digital gratuito en tu ciudad en el que hablan de una plataforma que te permite crear una web y shop-online por ti mismo, por un precio de suscripción que no supera los cuarenta euros al mes con dominio y alojamiento incluidos (como *Wix* o *Shopify*), con el consiguiente ahorro.

Te encuentras en una entrevista de trabajo superimportante y te hacen una pregunta no técnica que nunca te hubieras esperado. Recuerdas una entrevista que escuchaste en un podcast de emprendimiento a una psicóloga especializada en recursos humanos que te permite responder con toda seguridad de forma óptima.

«Los sabios son los que buscan la sabiduría; los necios piensan ya haberla encontrado».

Napoleon Bonaparte

La información y los conocimientos son las mejores herramientas que se pueden tener para caminar por el tablero de la vida de forma más fácil y exitosa. En mi caso, me he propuesto desde hace algún tiempo leer un nuevo libro cada semana. Además, aprovecho cuando voy en el coche o hago ejercicio para escuchar audiolibros o podcasts de emprendimiento y de temas que me interesan. Estoy suscrito a canales de YouTube en los que tratan áreas de conocimiento que me interesan, como emprendimiento, inversiones, motivación, crecimiento personal, etc., además de las tan reconocidas charlas TED. Y cada vez que tengo la oportunidad, aprovecho para realizar o asistir a seminarios, conferencias o cursos que considero que me pueden aportar algo constructivo en cualquiera de las áreas que comprenden los cinco pilares de mi vida.

«Trata de pasar todos los días intentando ser un poco más sabio de lo que eras cuando despertaste».

Charlie Munger

Warren Buffett, Bill Gates, Mark Zuckerberg, Oprah Winfrey o Phil Knight son todos amantes devotos de la lectura. ¿Y por qué crees que es esto? Porque saben muy bien los resultados y beneficios que esa práctica les aporta a su vida. Elon Musk, según su hermano, creció leyendo dos libros al día y Warren Buffett dedica el 80 % de su tiempo laboral a leer…

Cada día que pasa, intenta irte a la cama sintiendo que has mejorado, por poco que sea, en algún área de tu vida. Vinimos a esta vida para aprender y crecer. Y, si no, fíjate en los bebés y los niños, la cara que ponen cuando descubren algo nuevo. Sería un error, al llegar a cierta edad, parar de seguir aprendiendo, no solo porque estarás perdiendo la oportunidad de ver y entender cosas que de otra forma no verías o entenderías, sino que estarías apagando esa llama que de niño encendiste y que da luz a tu ser más profundo.

«La mente que se abre a una nueva idea jamás volverá a su tamaño original ».

Albert Einstein

Rodéate de los mejores.

Principio nº 46

Lee con frecuencia. Aprovecha la impagable ventaja que esto te aporta. Aprende cada día algo nuevo.

47

Lo que bien empieza...

Llevo algún tiempo, dándome cuenta de que la mayoría de las personas más exitosas que se conocen tienen algo en común. Y eso es que **son personas madrugadoras**.

A raíz de ello, me empecé a interesar por ese hábito y sobre qué secretos escondía. Fruto de esto, terminó llegando a mis manos el que es para mí hoy uno de mis libros favoritos: *El club de las 5 de la mañana*, escrito por Robin Sharma. No solo porque admiro a este escritor, sino porque considero que lo que transmite, además de ser realmente inspirador, si es llevado a la práctica con constancia puede traer unos beneficios a medio y largo plazo incalculables.

Este libro nos recomienda adquirir el hábito de levantarnos a las cinco de la mañana y así tener tiempo en un momento de mucha tranquilidad para poder llevar a cabo una serie de rutinas con las que comenzar el día de una manera inmejorable, lo que nos reportará unos beneficios extraordinarios no solo durante ese día que vamos a comenzar, sino también a medio y largo plazo.

Bien sabido es que el éxito de una persona pasa en buena parte por sus hábitos. A fin de cuentas, la mayoría de las cosas que hacemos a lo largo del día dependen de nuestros hábitos adquiridos. Esos que, una vez integrados, hacemos sin esfuerzo, en piloto automático, y que nos costaría más no realizarlos porque ya nos hemos acostumbrado a ellos.

Imagina que una persona que no suele leer ni hacer ejercicio decide integrar en su vida el hábito de leer simplemente diez páginas al día de libros que le aporten conocimientos en el ámbito profesional o crecimiento personal, además de dedicar veinticinco minutos diarios al ejercicio.

No parece algo demasiado complicado de llevar a cabo, ¿verdad?

Tal vez las primeras semanas después de haber comenzado no perciba cambios significativos, pero después de unos meses se empezarán a notar. Un año más tarde, después de haber leído entre diez y quince libros y haber acumulado 150 horas de ejercicio físico, los beneficios serán notables. Y pasados cinco años, habiendo absorbido el conocimiento de entre 50 y 75 libros y haber hecho más de 750 horas de ejercicio, será una persona completamente diferente de la que sería de no haber comenzado estos hábitos.

Pequeños hábitos, alargados en el tiempo, pueden marcar una gran diferencia en la vida de una persona. Si progresivamente vamos sustituyendo los hábitos que no aportan cosas buenas a nuestra vida por otros que sí lo hacen, poco a poco esta se irá transformando en una mucho mejor y los beneficios de haber tomado esa decisión marcarán la diferencia sobre si llegaremos o no a convertirnos en la persona que deseábamos.

Aristóteles dijo una vez:

«*Somos lo que hacemos día a día. De modo que la excelencia no es un acto, sino un hábito*».

Ahora voy a compartir contigo parte del ritual de la mañana extraído del libro *El club de las 5 de la mañana*, junto con algunas recomendaciones que yo llevo a cabo:

Hay que tener en cuenta que la preparación para comenzar un buen día empieza la noche anterior, ya que es importante haber tenido un buen descanso. Como ya hemos dicho, dormir unas siete horas y media es importante. Así que si decides levantarte a las cinco de la mañana, deberías estar durmiendo a las nueve y media. Sea la hora que sea a la que decidas levantarte, te recomiendo que pongas el despertador en un sitio alejado de tu cama, que haga que tengas que levantarte para apagarlo. Eso hará que te sea mucho más fácil quedarte ya levantado y comenzar con tu día. Existen aplicaciones que monitorizan tu sueño, para así despertarte en la fase de sueño ligero y evitando que suene la alarma durante la fase de sueño profundo, lo que hace mucho más placentero tu despertar. La que yo utilizo se llama Sleep Cycle y funciona de maravilla.

Una vez levantados, debemos evitar las distracciones digitales tales como abrir el correo electrónico, WhatsApp, redes sociales, noticias, etc.

Lo primero que te recomienda es hacer un mínimo de veinte minutos de ejercicio de alta intensidad, con el que logres llegar a sudar. Empezar la mañana de esta manera hace que el cuerpo lleve a cabo una serie de procesos químicos que logran que nos sintamos mejor y que tengamos la mente más despejada.

* * * * *

En mi caso, al terminar de hacer ejercicio me gusta realizar unos minutos de estiramientos (cosa que viene muy bien para los dolores de espalda) y antes de comenzar con la siguiente parte de la rutina, darme una ducha.

* * * * *

Los siguientes veinte minutos se nos recomienda dedicarlos a meditar. Durante la meditación, yo dedico unos minutos a relajarme y centrarme en la respiración, luego otros en recordar las cosas por las que me siento agradecido (práctica de la gratitud), otros en repetir afirmaciones en presente de objetivos que quiero que se hagan realidad y enunciarlos como si ya lo fueran (ley de la atracción).

Concéntrate en sentir y visualizarte llevando a cabo la vida que deseas tener (tus cinco pasiones) y dedica unos instantes a visualizar cómo quieres que transcurra el día que estás a punto de comenzar (ley de la atracción).

Para finalizar esta serie de veinte minutos (o más, si así lo deseas), dedica algo de tiempo a escribir en un diario cosas que sientas o vivencias significativas que te hayan sucedido, así como las tareas más importantes que tengas que realizar en ese día.

También puedes escribir en presente afirmaciones de cosas que quieres lograr, como si ya se hubieran materializado (ley de la atracción).

La última serie de veinte minutos la debes dedicar a aprender, ya sea leyendo un libro, escuchando un podcast, viendo un vídeo etc.

Dedica ese último periodo a mejorar en algún área de tu vida con información de valor. Yo suelo aprovechar el tiempo en el que estoy haciendo ejercicio para escuchar podcasts de negocios u otras cosas que me interesen. De esta manera puedo duplicar el tiempo que hago ejercicio y que estoy aprendiendo cosas nuevas, ya que los minutos destinados a la parte de aprendizaje los añado a los veinte minutos de ejercicio.

También se recomienda, una vez terminada la rutina de sesenta minutos, dedicar los siguientes noventa minutos a llevar a cabo lo que en el libro llaman el 90/90/1 que consiste en dedicar los primeros noventa minutos del día durante noventa días a un mismo proyecto. Tu proyecto más importante.

Yo suelo dedicar desde las 05:00 hasta las 06:30 a la fase de ejercicio, meditación y aprendizaje y de 06:30 a 08:00 a la fase de 90/90/1 (este libro es fruto de ello).

La tranquilidad que hay a esas horas de la mañana es realmente valiosa a la hora de estar concentrados y relajados. El hecho de no tener distracciones de ningún tipo nos permite poder dedicarnos ese tiempo a nosotros mismos de forma plena y comenzar el día habiendo realizado ya una serie de ejercicios que, llevados a cabo de forma continuada en el tiempo, tienen un importante poder de crecimiento y transformación. Como dicen en el libro:

«Controla tus mañanas, impulsa tu vida».

Es importante ser capaces de valorar esas horas de la mañana que te estás dedicando a ti y a tu crecimiento personal. Puede parecer un tanto extraño despertarte mucho antes de lo necesario sin tener la obligación, pero, sin embargo, no te lo parecería si lo hicieras para ir a trabajar en caso de ser ese tu horario como empleado. La diferencia es que si lo haces por el primer motivo, lo estás haciendo para hacer realidad tus sueños y que si lo haces por el segundo, sería para hacer realidad el sueño de otros.

Lo más importante no es levantarte a las cinco de la mañana exactamente. La hora debe ser la que a ti más te convenga y te encaje, pero que te permita tener ese tiempo de tranquilidad para poder dedicarte un tiempo para poder llevar a cabo esa rutina que te permita comenzar el día habiendo llevado a cabo esa serie de ejercicios que tantos beneficios te van a reportar con el tiempo.

La sensación de comenzar tu día sabiendo que has hecho ya todas esas cosas que tantos beneficios aportan es realmente gratificante. Tu mente y tu cuerpo te lo agradecerán, y tu yo del mañana también. No hay mejor manera de empezar el día y, como reza el dicho, «Lo que bien empieza…

¡bien acaba!»

Principio nº 47

Comienza tu día dedicándote la primera hora de la mañana. Haz ejercicio, medita y aprende. 90/90/1.

48

Piedras al tejado

En este capítulo me gustaría sacar a relucir un error que cometen muchísimas personas, y que si fueran conscientes del daño que se están haciendo, seguramente dejarían de hacerlo. Y es **hablar mal de uno mismo**.

Aunque suene raro y parezca bastante evidente que nada bueno puede salir de semejante acción, la mayoría de las personas lo hacen de forma habitual. Tanto refiriéndose de ellos mismos ante otras personas como en su propio diálogo interno.

Se trata de frases como «Es que soy muy despistado», «Soy un desastre», «Tengo una memoria horrible», «Soy un torpe», «Soy malísimo para esto», o «Soy un cobarde».

La mayoría de las veces que dices cosas así no estas siendo ni objetivo ni justo contigo mismo. O sea, que lo que estás diciendo está lejos de ser una realidad y, sin embargo, cada vez que lo haces te estás perjudicando de tres formas diferentes.

La primera es porque te estás faltando al respeto a ti mismo, estás diciendo cosas malas de tu persona y este tipo de comportamiento termina dañando tu autoestima y seguridad con el tiempo.

La segunda forma es que cuando hablas de esta forma delante de otras personas, te estás infravalorando públicamente. Si no te valoras ni tú a ti mismo, ¿por qué te tendrían que valorar los demás? Envías un mensaje de falta de respeto hacia ti que hará que con el tiempo el resto de personas también te dejen de respetar.

Y el tercer perjuicio es que, como sabes, nuestro subconsciente es como una grabadora: cada cosa que dices se queda ahí. Si te dedicas a repetir afirmaciones de menosprecio y de tareas que te consideras incapaz de realizar, este se lo terminará creyendo y, como consecuencia de ello, te terminarás convirtiendo en eso que tanto te has repetido que eres.

Nunca subestimes el poder de las palabras. No hagas afirmaciones negativas sobre tu persona. Una cosa es decir de forma puntual que has cometido un error o un despiste y otra diferente es que te definas como un patoso o un despistado.

A veces nos suceden cosas de forma puntual ocasionadas por determinadas circunstancias, que nos hacen pensar que somos de determinada manera, pero esto no es cierto. Alguien puede estar pasando por una situación de estrés puntual, y debido a la falta de concentración que un estado así genera, estar padeciendo de falta de memoria. Pero esto no quiere decir que esa persona tenga mala memoria. En cuanto sus niveles de estrés se normalicen, su concentración volverá a aumentar y con esta su memoria.

Al igual que este ejemplo, existen muchos otros de situaciones que nos pueden suceder y que pueden propiciar que cometamos determinados errores o que actuemos de determinada manera en momentos de nuestra vida. Estos son ocasionados por circunstancias de las que tal vez no seamos conscientes y ello no significa que seamos de una manera determinada y mucho menos que no podamos cambiar.

Vigila cómo hablas de tu persona. Tú tienes que ser el primero que se respete a sí mismo, no digas más cosas como «Soy un despistado». En lugar de eso, di «Me despisté» o «Últimamente estoy un poco desconcentrado».

Al igual que cuando alguien diga algo de ti que consideras que no se ajusta a la realidad, debes tratar también de corregir a esa persona diciendo las cosas como realmente son. No solo no tienes que hablar mal de tu persona, sino que tampoco debes permitir que otros lo hagan de ti de forma poco realista. Esto no solo demuestra ante los demás que te valoras y respetas y el amor propio que te profesas, sino que hace que tu subconsciente no se crea esas falsas afirmaciones sobre tu persona.

Podrías pensar «Pero si muchos de esos comentarios que hacen estas personas son de broma, e incluso los míos también lo son en muchas ocasiones». Pero has de saber que el subconsciente no entiende de bromas y que muchas veces lo que empieza como una broma puede transformarse en la realidad que los demás vean en ti y, posiblemente, que tú también termines por ver.

Al igual que no debemos hablar mal de nosotros mismos, tampoco debemos hacerlo de los demás. Si supiéramos el efecto que tiene una crítica negativa en una persona, seguramente nos lo pensaríamos dos veces antes de hacerla.

Podemos olvidar un montón de cosas bonitas que nos han pasado en la vida, pero te sorprendería saber con qué nitidez somos capaces de recordar las críticas que nos han hecho otras personas y que nos han herido.

Nunca debemos subestimar el poder de las palabras, estas son capaces de enterrarse más profundamente en el interior de una persona que un arma blanca y estoy seguro de que por lo que no queremos que nos recuerden es por ese comentario desafortunado que un día dijimos.

Sé impecable en tus palabras.

Principio nº 48

Sé impecable en tus palabras. No hables mal de ti mismo ni critiques a los demás.

49

El éxito

Existe un podcast llamado The Success Academy, de Víctor Martín, en el que entrevista a emprendedores y profesionales destacados de diferentes ámbitos. Al terminar el programa, les hace siempre la misma pregunta:

¿Qué es para ti el éxito?

Es muy interesante, porque casi nadie suele responder lo mismo. Con lo que la definición de éxito, varía en función de cada persona. Es algo muy personal.

En mi caso, siempre lo he tenido claro desde que era muy pequeño. Para mí la finalidad de la vida es **ser felices**. Recuerdo incluso utilizar este razonamiento a mi favor en alguna ocasión para convencer o argumentar a mis padres sobre cosas que quería llevar a cabo.

Si a mí me preguntaras quién es el campeón del mundo del juego de la vida, iría directamente al ranking de las personas que han acumulado más minutos de felicidad a lo largo de su vida y el que estuviera en la primera posición, ese sería.

Por supuesto, no hace falta decir que poniendo por encima de todo está el haber logrado esa felicidad siendo buena persona. Pero esto ni siquiera lo cuestiono, porque considero que es imposible ser feliz si eso no es así.

Otro estado que me parece también muy importante es el de la **tranquilidad**. Considero que no puedes ser feliz si no hay paz y tranquilidad en tu vida. Por lo que llegar a ese estado y protegerlo una vez que lo hayas alcanzado es algo de gran valor.

Algunas personas describen el éxito como lograr sus metas u objetivos, dedicarse a algo que les apasiona, despertar cada día con ilusión por lo que van a hacer, sentir que ayudan a la gente…

La cantidad de diferentes respuestas que hay para esta pregunta en función de la persona a quien se la hagas es asombroso.

No dejes de hacerte esa pregunta, ya que su respuesta apuntará en la dirección a la que debes dirigirte y te permitirá saber cuándo has llegado a tu destino.

¿Qué es para ti el éxito?

Principio nº 49

Ten clara tu definición de éxito, lógralo y sé consciente de ello.

50

Menos es más

A lo largo del libro hemos hablado de muchos principios que aplicados nos van a ayudar a dejar de sufrir, a ser felices, a lograr nuestros objetivos y a ser exitosos.

Pero el principio de este último capítulo es capaz de aportarnos todas esas cosas a la vez. Y no es otro que el de **ayudar** a los demás de forma desinteresada.

Los beneficios que puede aportar a tu persona el acto de ayudar son muchos y diversos.

En primer lugar, cuando decides ayudar a alguien estás creándote un buen karma, estás haciendo algo que se encuentra alineado con los principios más básicos y nobles de la vida misma, algo que está en consonancia con el universo. Y por eso, en cuanto ayudamos a otra persona con la cosa más pequeña, ya puede ser simplemente cediéndole el paso a una persona mayor o ayudando a cruzar la calle a un invidente, inmediatamente nos sentimos bien. Porque en cierta manera, hemos contribuido a hacer de este un mundo mejor.

Cuando realizamos ese acto no solo estamos abriendo la puerta para que la vida nos pague nuestro buen karma con cosas buenas (que lo hará) y que nos vayamos a sentir bien de forma instantánea, sino que también, al centrarnos en los problemas de otras personas que no somos nosotros mismos, somos capaces de ver la vida con más perspectiva y sentirnos agradecidos por esas cosas que nosotros tenemos y damos por sentadas.

Si tener un pequeño gesto con una persona nos genera una buena sensación, realizar actos más grandes hará que nos sintamos mejor en la misma proporción de su aumento.

No es casualidad que la mayoría de las personas más pudientes que existen y han existido, una vez que han creado su fortuna (algunos me imagino que antes también), destinen buena parte de esta a llevar a cabo obras de filantropía.

La paz que se siente al saber no solo que estás contribuyendo a hacer de este un mundo mejor, a aliviar el sufrimiento a otras personas, a dar buen ejemplo para que otras personas hagan lo mismo, así como la tranquilidad de saber que cuando ya no estés habrás dejado una huella positiva en la humanidad, bien merecen los recursos y la energía que decidas invertir.

Debemos ser conscientes de que no hace falta ser millonarios para generar un impacto positivo en nuestra sociedad. Hay muchas maneras de ayudar a los demás con nuestro tiempo, a través de diferentes tipos de voluntariado. Y tampoco hace falta que nos vayamos muy lejos, ya que lo más seguro, es que en nuestro entorno más cercano haya una persona por la que podamos hacer algo y mejorar su vida.

Como ya he mencionado anteriormente, mientras escribo este

libro nos encontramos en plena pandemia de COVID-19, la situación está siendo muy complicada para muchísimas personas y en ocasiones no podemos llegar a imaginarnos cuánto para algunas.

Hace unos días, mientras iba caminando por la calle, me abordó una mujer que diría que no alcanzaba los cuarenta años de edad y, de forma educada a la vez que avergonzada, me preguntó si la podía ayudar con unas monedas. Me dijo que estaba esperando a que se le concediera una ayuda por parte del Estado pero que mientras se hacía efectiva... Inicialmente le dije que no tenía suelto (era verdad) y me despedí, pero después me di cuenta de que tenía un billete de veinte euros en la cartera (tampoco suelo llevar efectivo). Di la vuelta y me acerqué a ella con el brazo extendido y el billete en la mano. Tenía el rostro semitapado por su mascarilla, pero pude ver que sus ojos se humedecían mientras me decía con voz temblorosa y sin coger el billete: «¿De verdad? No me lo creo, hace días que tengo la nevera vacía...». Evito dar dinero a las personas que presiento que harán un mal uso de él, pero aquel no era el caso.

Ayudar a esa persona fue lo mejor que me había pasado en muchos días.

Imagina de qué manera cambiaría el mundo si cada uno de nosotros realizara cada cierto tiempo el acto de ayudar de forma desinteresada a otra persona, la conozcas o no. Ya puede ser comprándole una comida, entregándole una manta, dedicándole un ratito de tu tiempo a escuchar sus problemas, ayudarla a encontrar un trabajo o contratándola, dándole un buen consejo, regalándole un libro que creas que le puede ayudar, prestándole tu compañía, mostrándole simplemente que estás ahí, escuchando de forma sincera cuando alguien te pida ayuda o sientas que la necesita...

¿Y si naciera un movimiento que lo alentara?

Te invito a que, si así lo deseas, la próxima vez que realices el acto de ayudar a alguien, si lo consideras oportuno, lo compartas con el resto de nosotros con el hashtag:

#queridahelena_menosesmas

Será realmente bonito y motivador poder conocer los buenos actos que hacemos por otros seres humanos, por pequeños que puedan parecer. Lo que es un pequeño acto para algunos puede significar un mundo para otros.

Dar y ayudar es de las pocas cosas que, al ser entregadas, recibe tanto o más la persona que lo entrega como la que lo recibe.

Principio nº 50

Ayuda a otras personas de forma desinteresada.
Completarás tu alma.

Despedida

Me gustaría darte las gracias por haberte tomado el tiempo de leer este libro, que está escrito con la intención de ayudar. Ayudar a evitar sufrimiento innecesario, ayudar a caminar por la vida de otra forma, una más feliz, más fluida, con más armonía. Ayudar a que puedas llegar del punto A al punto B más rápidamente y a ayudar a que tus sueños se hagan realidad.

Al comienzo del libro te dije que las carencias que tuve en mi infancia fueron mi mayor fortaleza, y ahora te voy explicar por qué.

Los seres humanos hacemos las cosas por uno de estos dos motivos: para obtener placer o para evitar sentir dolor. En mi caso, las carencias que tuve de pequeño me hicieron sufrir en muchas ocasiones. Y fue este sufrimiento el que me impulsó, en cuanto fui consciente de que era posible, a querer mejorar como persona para, de esa manera, dejar el sufrimiento atrás. Fue ese proceso de transformación el que trajo consigo prosperidad, realización y lo que para mí significa el éxito en la vida: felicidad.

Es muy probable que si no hubiera tenido las carencias que tuve, no hubiera sentido nunca la necesidad de embarcarme en este proceso de transformación que tanto me ha aportado en la vida, por lo que mis desventajas se convirtieron en mis fortalezas.

Si tú también te encuentras en una situación similar en algún aspecto de tu vida, también puedes transformar ese dolor en el motor que te impulse a llevar a cabo una transformación que revierta esa situación.

Si solo una de las enseñanzas mostradas en este libro contribuye a que tu vida sea un poquito mejor de ahora en adelante, ya habrá merecido la pena haberlo compartido.

Y si es así y consideras que, al igual que a ti te ha aportado algo, este libro podría ayudar a otras personas, no dejes de compartirlo con tus amigos y seres queridos, porque así tú también estarás ayudando a los demás.

Me hace especial ilusión, que esta obra también pueda ayudar a jóvenes que lo necesiten. Ya que es a esas edades cuando más vulnerables somos, debido a inseguridades, falta de recursos y experiencia.

Tal vez tú conozcas a alguno al que poder hacerle ese regalo que le acompañará de por vida.

He creado a continuación una guía de acceso rápido a los principios por sus respectivas temáticas, para que puedas volver a ellos en cualquier momento que lo necesites.

Si poco a poco vas poniendo en practica los principios que hemos visto, tu vida irá experimentando un cambio que bien merecerá la pena. Pero, como ya hemos visto, esto no va a suceder de la noche a la mañana, sino que es una cuestión de tiempo y constancia hasta que estos principios los tengas tan integrados que los pongas en práctica sin darte cuenta y sin esfuerzo, porque ya forman parte de ti. Para eso te recomiendo que tengas el libro a mano y que cada cierto tiempo le des un repaso, además de acceder a determinados principios cuando consideres que así lo necesitas.

Bien. Pues hemos llegado al final del libro.

Gracias por acompañarme en este camino. Espero que lo hayas disfrutado y, si así lo deseas, me encantaría escuchar tus comentarios dejando una reseña en Amazon, que agradeceré enormemente, ya que hará que esta obra llegue a más gente.

En agradecimiento por ello quiero hacerte un regalo. Y será compartir contigo en primicia un ejemplar gratuito de un próximo libro que escribiré si este alcanza las cien reseñas.

Puedes dejar tu opinión en la pagina de este libro en Amazon, desplazándote hacia abajo en el apartado «Opiniones de clientes» y «Escribir mi opinión». Házmelo saber enviándome un correo electrónico.

También podemos seguir en contacto a través de:

hola@franmarinsocas.com

Instagram: @franmarin

Facebook: Fran Marín Socas

#queridahelena

WhatsApp: 664 582 052

www.franmarinsocas.com

¿Cuál es el principio que más valor te ha aportado?

Recibe un fuerte y cariñoso abrazo.

Guía de acceso rápido

Agradecimientos

A mi mujer Abigail Barreto, por el apoyo que me ha mostrado durante todo el periodo de su realización y sus valiosos consejos.

A mi hija Helena Marín, por haberme dado la motivación necesaria para crear esta obra y haber traído tantísimo amor a nuestras vidas.

A mi madre Aurea Socas, por transmitirme siempre buenos valores e inculcarme el poder de la lectura. Siempre has sido mi mejor amiga.

A mi padre Francisco Marín, por sus consejos, que, entre otras cosas me animaron a elegir la profesión que tanto me ha dado.

A mis grandes amigos Esaú Hernández y Diego Hernández por darme su siempre valioso *feedback* y apoyo. Gracias por estar ahí siempre.

A mi primo Javier Sánchez, mi prima Sandra Pérez y a Lola Hernández. Sus comentarios me han sido de gran ayuda.

A Darío Giménez por la corrección del texto.

Gracias Jonás Pérez por la creación de la portada y diseño del libro.

Y a todas esas personas que en algún momento han formado parte de mi vida, contribuyendo a que esta fuera un poquito mejor, que son muchas.

Made in the USA
Las Vegas, NV
30 April 2024

89313287R00163